不道德行为

影响自尊的
社会心理学机制

梁　媛　著

THE SOCIAL PSYCHOLOGICAL MECHANISM OF
UNETHICAL BEHAVIOR
INFLUENCING SELF-ESTEEM

社会科学文献出版社
SOCIAL SCIENCES ACADEMIC PRESS (CHINA)

序 言

梁媛同志于 2008~2012 年及 2014~2021 年就读于北京师范大学心理学部，获得学士、硕士和博士学位。她的博士学位论文主要关注不道德行为的心理后果，围绕不道德行为与自尊的关系展开，揭示了不道德行为影响自尊的心理路径，回答了为什么有些人做出不道德行为后自尊水平降低，而另外一些人做出不道德行为后自尊水平反而升高，具有重要的理论推进意义和现实意义。本书是在其博士学位论文基础上修改而成的。

不道德行为不时在社会中出现，它们不仅损害公众利益，还极大地危害社会的整体运行。就做出不道德行为的个体而言，为什么有的人做一次之后就不敢再做了，而有的人却成为"惯犯"？这就与做出不道德行为后个体对自己的评价有关。有的人做出不道德行为后背负很大的罪疚感，良心受到谴责，对自己的评价严重降低，不愿意再继续做出不道德行为；有些人做出不道德行为后却自我感觉很好，对自己的评价更加积极，从而不道德行为就会越做越多。心理学中用自尊衡量个体对自我价值的整体评价，因此，本书重点关注了不道德行为对自尊的影响。研究不道德行为如何影响个体自我评价，对分析不道德行为的心理收益与代价以及控制不道德行为有重要意义。

心理学家们也一直试图厘清不道德行为与自尊之间的关系。关于自尊如何影响不道德行为，前人已得出了较为清晰的结论：个体自尊的缺乏，会导致个体做出更多的不道德行为。然而，关于不道德行为如何影响自尊，已有研究结果并不一致，因此引发了研究者更为广泛的关注。那么，为什么不同个体做出不道德行为后会形成截然不同的自尊水平？这些不同影响背后的核心心理机制分别是什么？本书通过 3 个研究 11 个子研究，深入回答了这些问题。

为解决上述问题，本书基于一个理论切入点及两条路径进行深入探讨。就理论切入点而言，本书通过个体与社会互动视角，引入系统合理化动机以厘清不道德行为对自尊的不同作用。由于不道德行为影响自尊的矛盾结果主要源于个体或社会的不同分析视角，而系统合理化动机恰好关注个体与社会系统的相互作用，即反映了个体对自身的需求、处境、观点或行为进行合理化时所使用的个体或社会视角的权衡，因此本书提出，系统合理化动机影响不道德行为与自尊的关系。基于此，本书引入道德知觉、能力知觉两条路径，探讨不道德行为对自尊的影响机制。由于道德知觉和能力知觉既是自尊的主要知觉来源，又是基于行为进行自我知觉的脚本，因此本书认为道德知觉和能力知觉是不道德行为影响自尊的两条主要路径。

首先，本书发现，系统合理化动机在不道德行为提升或降低自尊水平的过程中发挥边界作用。系统合理化动机反映了个体维护现存社会系统中规则、制度的动机水平的高低，影响个体基于不道德行为进行自我评价的视角与方式。当个体认为系统很合理、维护整体社会运行规则及社会现状的合理性动机水平高时，其做出不道德行为与维护社会稳定的动机相冲突，威胁个体心理同一性和完整性，因此做出不道德行为对自尊有很大的冲击；相反，当个体认为系统不合理、维护整体社会运行规则及社会现状的动机水平低时，则会无视现存社会系统中的规范、制度，忽视其不道德行为对整体社会运行的损害，此时个体做出不道德行为的心理代价降低，反而会基于不道德行为获得的利益而沾沾自喜，认为自己快速获得了资源、实现了目标，进而提升了自尊水平。该研究结果发表在国际社会心理学领域的专业期刊 *Self and Identity*（2020 年第 19 卷第 2 期）上。

其次，为了明确上述边界效应的核心机制，本书从自尊核心知觉基础的角度，发现系统合理化动机调节道德知觉和能力知觉影响自尊的相对强度。具体而言，当个体的系统合理化动机水平高时，道德作为一种抑制个体冲动以维护社会系统稳定的机制，被内化和维护，此时个体倾向于以道德水平来衡量自尊；相反，当个体的系统合理化动机水平低时，维护社会系统稳定的动机减弱，以自利方式为个体利益辩护的动机增强，由于能力反映的是实现个体目标的实力，相比道德，此时个体更倾向于以能力衡量自尊。该研究结果发表在国际社会心理学领域的权威期刊 *Journal of Experimental Social Psychology*（2021 年第 97 卷）上。

另外，为了厘清不道德行为影响自尊的完整心理路径，本书从解读不道德行为知觉框架的角度，发现系统合理化动机不仅决定了不道德行为影响道德知觉和能力知觉的相对强度，还决定了道德知觉和能力知觉在不道德行为影响自尊中发挥中介作用的相对凸显性。当系统合理化动机水平高时，个体更倾向于以是否符合社会运行秩序为依据解读行为，进而依据行为道德方面的信息进行自我评价；相反，当系统合理化动机水平低时，个体会忽略当前社会系统的制度和规则，凸显个人在实现目标过程中的作用。此时个体会自动忽略行为的道德相关信息，而依据目标实现的相关信息进行自我评价。综合以上发现，本书提出并验证了不道德行为影响自尊的双路径权变模型，即通过同时考察道德知觉和能力知觉的中介作用，阐述了在不同的系统合理化动机水平下，不道德行为影响自尊的心理过程。具体而言，当系统合理化动机水平高时，道德知觉路径得以凸显，不道德行为通过降低个体道德知觉水平进而降低自尊水平；相反，当系统合理化动机水平低时，能力知觉路径得以凸显，不道德行为通过提升个体能力知觉水平进而提升自尊水平。基于该部分研究的文章，已被国际社会心理学领域权威期刊 *Personality and Social Psychology Bulletin* 接受录用。

本书具有重要的理论贡献。第一，通过引入系统合理化动机，探讨了不道德行为对自尊的动态影响，回答了"何时影响"的问题；通过引入道德知觉和能力知觉探索双路径权变机制，回答了"如何影响"的问题。第二，从个体与社会互动视角，整合了不道德行为影响自尊的不一致结果，拓展了行为与自尊形成的相关理论。第三，引入系统合理化动机，回答了自尊的知觉基础问题，从动态视角回应了关于自尊功能的理论争议，深化了对自尊双重动机性作用的理解。第四，建立了不道德行为影响自尊的双路径权变模型，将不道德行为领域的目标实现和行为伦理框架进行动态整合，系统揭示了不道德行为的心理收益与代价的动态权衡过程，更体现了个体超越他人和与他人和睦共生两种基本需求的博弈。

在现实层面，本书揭示了不道德行为影响自尊过程中心理收益与代价的权衡机制，对防止不道德行为的产生及推进公民道德体系建设具有重要指导作用。一方面，为落实关于"不想腐"机制建设的要求，减少腐败等不道德行为，可从强化公民系统合理化动机入手，增加不道德行为带来的心理成本，形成对不道德行为的自我监督、自我惩罚机制，进而使个体从心理层面自觉减少不道德行为；另一方面，大力倡导社会主义核心价值观，加强维护国家和社会系统稳定的意识形态建设，有利于个体形成并坚守以道德为主的自我评价机制，培育积极社会心态，进而提高全社会的道德水平。

上述发现为不道德行为和自尊的关系以及系统合理化的未来研究提供了很多可能的方向。例如，个体在做出不道德行为之后，何时抑制或是增加后续的不道德行为？个体在做出不道德行为后，出于自我保护的目的，其道德知觉和能力知觉的重要性是否会相互转化？系统合理化动机对自尊核心知觉基础的影响是否存在文化差异？不同系统合理化动机水平的个体，其各自眼中的世界或者规则、秩序的内容是怎样的？换言之，他们分别是如何建构世界的？他们心中所维护的规则和秩序到底有多稳定？系统合理化动机水平较高或较低的个体，其自尊的核心知觉基础又是如何获得的？相信对这一系列问题的深入探索和思考将会加深对不道德行为和自尊关系的认识，并对道德和能力的权衡问题有更加深刻的理解。

刘力

北京师范大学心理学部教授

国务院学位委员会心理学学科评议组成员

亚洲社会心理学会候任主席

中国社会心理学会候任会长

目　录

导　言

现实生活中，不道德行为广泛存在。腐败事件，学术不端事件，阴阳合同事件，疫情防控时期倒卖劣质口罩、瞒报行动轨迹和体温信息等不道德行为事件，也不时被各大媒体曝光。的确，人们有时会为了当下个人利益而不惜付出道德代价，以不道德的方式快速实现目标。但是，当通过不道德行为满足当下利益需求之后，人们是否能够获得原本追求的积极自尊，即实现个体对自我价值的积极评价呢？一位落马的腐败官员回忆说："当听到有人给家里送钱，我感到很有成就感。"① 然而，一位因数据造假丑闻而声誉扫地的心理学家曾表示，做出不道德行为后，"我每周都要进行心理治疗——我真恨我自己"②。可见，不道德行为对不同个体的自尊产生了截然不同的影响。

心理学家们一直试图厘清不道德行为与自尊之间的关系。关于自尊如何影响不道德行为，前人已得到了较为清晰的结论。研究发现，个体自尊的缺乏，会导致个体更多地做出欺骗、霸凌、腐败等不道德行为（Aronson & Mettee，1968；Błachnio & Weremko，2012；Kouchaki & Wareham，2015；Liang et al.，2016；Lobel & Levanon，1988；O'Moore & Kirkham，2001）。

---

① 卢金增：《当听到有人给家里送钱，我感到很有成就感》，http://fanfu. people. com. cn/n/2015/1124/c64371 - 27849749. html，最后访问日期：2023 年 8 月 15 日。

② 《造假的科学：看我如何编造数据，成为学术大师》，https://www. guokr. com/article/437083/，最后访问日期：2023 年 8 月 15 日。

　　然而，关于不道德行为如何影响自尊，已有研究结果并不一致（Barkan et al.，2012；Cooper & Duncan，1971；Glass，1964；Kammeyer-Mueller et al.，2012；Mazar et al.，2008；Riek et al.，2014；Ruedy et al.，2013；Tangney et al.，2007），并引发了研究者更为广泛的关注。为什么不同个体做出不道德行为后会产生截然不同的自尊水平？这些不同影响背后的心理机制分别是什么？本书将通过探讨不道德行为对自尊的影响来回答这些问题。

第一章

文献综述

首先，本章依次综述了自尊和不道德行为，以及不道德行为影响自尊的已有研究结果及尚未解决的问题。随后，本章介绍并综述了系统合理化理论，以期从个体与社会互动视角为不道德行为影响自尊领域尚存的理论问题提供解决路径。最后，本章总结了本书拟解决的具体研究问题及其意义。

一 自尊

（一）自尊的定义和特征

自尊指个体对自我价值的总体评价，维持积极自尊是人类的基本需求（Allport，1955；Baumeister et al.，1993；Maslow，1968）。自尊是自我中的情绪性和评价性成分（Wells & Marwell，1976；Shibutani，1961），它既包含关于自我的情绪状态，如绝望、自豪和羞愧等，又包含关于自我的认识和信念，如"我是有价值的"。由于自尊带有个体主观情绪性评价的特点，因此自尊水平未必代表个体的客观价值水平，也并不代表他人对个体的评价（Donnellan et al.，2011；MacDonald & Leary，2012）。也就是说，只要个体主观上认为自己足够有价值，即便客观上并不比别人更优秀，也能具有高自尊（Orth & Robbins，2014）。从个体毕生发展的角度看，自尊是相对稳定的（Fraley & Roberts，2005）；但从短时的变异性看，自尊又会受情境影响，在一个基线水平附近上下波动（Savin-Williams & Demo, 1983）。

个体关于自我价值的评价，不仅影响其如何看待自己、如何看待生活中的事件，也会影响其行为方式（Crocker, 2002；Leary & Baumeister, 2000）。高自尊的个体相信自己是有能力的、受欢迎的和有价值的（Baumeister et al., 2003），对自己充满信心（McFarlin & Blascovich, 1981）。相反，低自尊的个体认为自己没有价值，对自己持有强烈的自卑、焦虑和不安全感，并会将外界信息与自身建立负面联系（Donnellan et al., 2005；Mruk, 1995）。因此，在面临相同情境时，自尊水平不同的个体会产生不同的认知评价，进而采取一系列不同的行为模式（Crocker & Wolfe, 2001）。此外，自尊水平的高低对个体各方面的表现均有较强的预测作用，如健康程度、生活满意度、婚姻幸福感、社会支持、工作成就和不道德行为等均受自尊水平的影响（Kuster et al., 2013；Liang et al., 2016；Trzesniewski et al., 2006）。

由于高自尊给个体带来更多积极的影响，因此个体有很强的动机维持、保护自尊并提升自尊水平（Allport, 1955；Baumeister, 1998；Rosenberg, 1965）。个体主要通过两种途径提升自尊水平。一方面，如自我一致性理论（Self-consistency Theory）所述，个体通过遵守内化的价值规范维持自尊（Aronson & Mettee, 1968）；另一方面，如自我确认理论（Self-affirmation Theory）所述，个体通过强调和确认有价值优势的方面，以补偿某一方面自尊的缺失，维持和提升总体价值感（Steele, 1988）。究竟哪种途径更为有效，依赖于自尊的功能。

（二）自尊的功能

关于自尊的功能，是人格与社会心理学中重要但有争议的问题。前人关于该问题的探讨，大致分为两个视角。一方面，和睦共生视角（getting-along perspective）认为，自尊对社会接纳至关重要，它反映了个体遵守人际或社会文化规范的程度；另一方面，超越他人视角（getting-ahead perspective）认为，自尊对个体在社会等级体系中获得优势地位至关重要，它反映了个体努力奋斗及目标实现的程度（Soral & Kofta,

2020）。这两种视角恰好与人类进化过程中的与他人联结、实现优势地位两种根本性动机相对应（Abele & Hauke，2020）。Hogan（1983）在社会分析理论（Social-analysis Theory）中提出，人类具有生活在有地位等级差异的社会团体中的生物学倾向。群体生活（和睦共生）的方式使个体享受到合作的益处，而拥有地位（超越他人）则允许个体获得更丰富的食物与配偶选择权，二者均是人类生存的基本追求。和睦共生在本质上是水平的，它意味着个体融入更为庞大的有机体之中，通过与他人的联合、交流与合作，培养信任感和安全感，从而减轻焦虑的生存形式。相反，超越他人在本质上是垂直的，它意味着个体作为独立体存在，通过持有权力或控制等方式，产生自我重要性和优越感的生存形式（Gebauer et al.，2015）。Bakan（1966）认为两种生存形式的平衡能够提高个体对环境的适应性，过分地专注于任何一者均会对个体生存造成威胁。下面将综述两种视角下关于自尊功能的不同观点。

超越他人视角下的理论将自尊与掌握性经验相联系。这一观点可追溯至威廉·詹姆斯（James，1890），他认为自尊取决于个体在自己认为重要的领域获得的成功体验。这也在一定程度上体现了自尊的主观性。自我效能理论认为，自尊与自我效能非常相近，是基于掌握性经验的一般结果（Bandura，1982）。社会支配理论认为，自尊是在主导性层级体系里获得高地位的一种方式，高地位进而易化再生产行为（Barkow，1980）。等级计量器理论进一步认为，自尊是衡量个体在世界中是否处于优势地位的计量器。社会地位影响自尊，进而影响个体行为的支配性（Mahadevan et al.，2016）。例如，高地位个体拥有更高水平的自尊，进而能够有资本进行独断性和主导性的行为。

另一些理论从和睦共生的视角理解自尊的功能，将自尊与社会接纳和集体目标建立联系。例如，社会计量器理论认为，个体有归属需求，自尊作为心理系统的一部分，是对其社会关系经验的反映（Leary，2012；Leary & Downs，1995）。该理论认为自尊是个体与社会以及重要他人之间关系的主观度量，是个体人际关系好坏的一种内在反映。恐惧管理理论认为，自尊是减轻死亡焦虑的有效手段。个体通过满足社会文化价值观提升自尊水平，进而缓解死亡焦虑（Greenberg et al.，1993；Solomon et al. ，1991）。由于文化价值观多是共生性（communal）价值观（Paulhus & Trapnell，2008；Schwartz & Bardi，2001），因此自尊应与共生性价值观的表达有关。与之类似，自我价值的权变理论则提出，"事件和环境对自尊的影响取决于事件与自我核心价值领域的一致性程度。随着时间的推移，自我价值的领域权变性随着社会化和社会影响的多种形式而不断发展"（Crocker & Wolfe，2001：594）。

以上两类理论从不同视角阐释了自尊的本质和功能。自我决定理论在某种程度上可以整合以上两种观点（Deci & Ryan，1995）。该理论认为，自尊源于关系、能力和自主性三种基本心理需求的满足程度。能力和自主性需求与掌握性经验和目标实现有关，关系需求则与社会接纳有关。

以上理论从不同视角阐述了自尊的功能，实则暗含了对自尊知觉基础的不同看法。关于自尊核心知觉基础的问题，上述理论分别为不同观点提供了理论支撑。

（三）自尊的知觉基础

1. 自尊的两种知觉基础

根植于和睦共生和超越他人两种功能，自尊领域的研究者认为，整体自尊主要来源于道德知觉和能力知觉两个基本的知觉维度。关于自尊的许多传统研究，均对自尊的两种知觉基础有所提及，例如，价值感和权力感（sense of worth and sense of power）（Gecas，1971），外在自尊和内在自尊（outer and inner self-esteem）（Franks & Marolla，1976），自我价值感和能力（sense of self-worth and competence）（Smith，1978），自我喜欢和自我能力（self-liking and self-competence）（Tafarodi & Swann，1995），以及道德和能力（morality and competence）（Hales，1980；Rokeach，1980；Vallacher，1980）等。以上细分方式的共同点是：一方面，认为自尊来源于美德或道德价值感，即侧重于从基于道德和伦理的道德知觉角度对自我价值进行评估；另一方面，认为自尊来源于能力、权力或效能感，侧重于从基于能动性和工具性的能力知觉角度对自我价值进行评估（Gecas，1982；Wojciszke，1997，2005）。

道德知觉和能力知觉主要存在以下几方面的不同。首先，二者传递了关于个体不同方面的信息（Judd et al.，2005；Stellar & Willer，2018）。道德知觉反映个体意图是否正确（依据社会价值判断），其特质包括可信赖、诚实、忠诚、公正和善良等（Wojciszke，2005）；能力知觉反映个体实现目标的实力，其特质包括聪明、高效、能干、有条理和有创造力等（Abele et al.，2008；Peeters & Czapinski，1990）。其次，二者作用不同。道德知觉体现个体获得他人及社会的认可、接纳和尊重的程度；能力知觉体现个体奋斗、获得优势地位的实力（Ybarra et al.，2008）。此外，二者的形成方式有所不同。道德知觉根植于行为对社会规范和价值观的遵从程度，其形成基于社会化及人际交互的反应性评价过程；能力知觉与个体行为结果的有效性紧密相关，其形成基于个体社会比较的主观性评价过程（Bandura，1982；Franks & Marolla，1976；Harter，1978）。

尽管道德知觉和能力知觉在概念上有明显的区别，但二者在实证上有时可能存在关联。在对行为（Cislak & Wojciszke，2008）或自我（Abele，2003）进行知觉时，道德知觉和能力知觉往往是正交关系（Osgood et al.，1957；Wiggins，1979）。例如，个体有可能认为自己是高道德但低能力的人，或者是低道德但高能力的人（Jost & Kay，2005）。然而，一些研究发现，在对他人进行知觉时，能力知觉可能会受到道德知觉的影响（Stellar & Willer，2018），反之亦然（Covington & Beery，1976）。此外，还有一些研究发现，在某些情境下，道德知觉和能力知觉之间可能存在曲线关系（Imhoff & Koch，2017）。因此，在实验设计和数据分析中，需要尽可能地控制道德知觉和能力知觉之间可能存在的相互作用。

后续虽有研究者在道德知觉的基础上加入热情知觉或社会性知觉（warmth or sociability），并将其共称为共生性知觉（communion），但理论与实证证据均表明，热情知觉在自我知觉中的作用远小于道德知觉。在理论上，亚里士多德在《尼各马可伦理学》（*Nicomachean Ethics*）中曾提到，道德是人们能够积极评价自己和他人的最重要基础，其他所有特征能否称为美德在一定程度上都依赖于道德。例如，只有当能力和热情通过真诚和值得信赖的道德品格表现出来时，它们才是美德（MacIntyre，1984）。也就是说，道德对于积极的自我评价是最重要的，因为它决定了人类其他每个特征的意义（Leach et al.，2007；Osgood et al.，1957）。在实证研究中，通过对青少年的研究发现，道德自我概念（诚实）与学业自我概念拥有同等的重要性以及与自尊的相关性，其在自尊中的重要性均大于社会关系导向的自我概念（Marsh，1986）。另外，研究者比较了个体在道德、能力和热情三个维度的自我评价，发现几乎所有人都非理性地夸大了自己的道德水平，即道德维度自我评价的绝对值高于能力和热情维度的积极自我评价（Tappin & McKay，2016）。该道德优越感效应（Moral Superiority Effect）在一定程度上也说明了道德知觉相比热情知觉对积极自我评价更重要。更加直观的结果表明，无论对于主体自我还是客体自我、个体自尊还是集体自尊，热情知觉（或社会性知觉）在其中的重要性均小于道德知觉和能力知觉的作用（Hauke & Abele，2020；Landy，2015；Soral & Kofta，2020）。因此，本书主要集中于探讨自尊的道德知觉和能力知觉这两种知觉基础对自尊的影响。

2. 两种知觉基础在自尊形成中的作用

道德知觉和能力知觉均可影响整体自尊，那么二者相对重要性如何，哪个维度对自尊的预测力更强、影响更大呢？该问题不仅决定了个体可以从哪些方面入手以有效提升自尊水平，更决定了当两种知觉信息效价冲突时（如高道德低能力，或低道德高能力），个体自尊将如何变化。基于这些重要的理论和现实意义，这一问题引起了研究者们的广泛关注。前人研究对此进行了大量探索，但尚未得出一致结论。本书认为，道德知觉和能力知觉对自尊相对重要性的问题之所以存在较大争议，根本原因在于研究者在不同视角下对自尊的功能持有不同观点，具体综述如下。

个体视角下的研究表明，能力知觉在自尊中起主导作用。个体视角下的研究把自尊理解为个体自身有效性活动和掌握性经验的体现（Bandura，1982）。由于能力知觉衡量的是与个体目标的接近程度，因此，相较于衡量意图对他人是否有益的道德知觉，能力知觉更能预测自尊（Abele et al.，2008；Wojciszke，2005）。例如，研究表明，与能力相关的积极或消极行为分别比与道德相关的积极或消极行为引起更强烈的指向自我的情绪反应（Wojciszke & Dowhyluk，2003）。更直接的研究表明，在自尊中，能力知觉可解释的自尊变异显著大于道德知觉（Bi et al.，2013；Wojciszke et al.，

2011）。但此视角下的研究忽略了自尊与社会接纳和他人评价的相关性，忽视了自尊的社会属性（Leary，2012；Leary & Downs，1995）。

相反，社会视角下的研究则注重自尊的社会属性，认为道德知觉在自尊中起主导作用。该视角下的研究强调自尊促进个体与社会和睦共生的作用，把自尊看作内化的社会或文化价值观的体现（Pyszczynski et al.，1997，2004）。由于道德根植于社会系统中已有的实践、已建立的价值观和规则（Haidt，2012；Weiss，1942），相较于衡量个体目标完成程度的能力知觉而言，道德知觉更能够预测自尊（Dahlsgaard et al.，2005；Schwartz & Bardi，2001；Ybarra et al.，2012）。实证研究发现，相较于能力规则而言，道德规则更具有影响力，因为个体更期望在组织系统中被尊重（Brambilla & Leach，2014；Ellemers et al.，2008；Pagliaro et al.，2016）。与之类似，相较于能力方面，道德方面的负面事件被议论更会使个体感到羞愧和恼怒，进而更急于修补道德方面的声誉（Ybarra et al.，2012）。此外，相较于能力信息，关于内群体的积极道德信息更能提升对所属群体整体的积极评价，不道德信息更会威胁所属群体的自我形象（Brambilla et al.，2013；Leach et al.，2007）。但该视角下的研究低估了个体自我评价的主观能动性本质（Donnellan et al.，2011；James，1890；Rosenberg，1965）。

另外，还有少部分研究表明，道德知觉和能力知觉对自尊起到同等重要的预测作用（Campbell et al.，2002；Crocker & Wolfe，2001；Marsh，1986），也有研究者在承认能力知觉占优势的基础上发现了一些变异性（Gebauer et al.，2013；Wojciszke & Bialobrzeska，2014）。例如，虽然在整体样本中发现了能力知觉在自尊中发挥主导作用的结果，但是细分人群特征后发现，对于年轻人、男性、无宗教信仰者或生活在个体主义价值观国家的个体而言，他们的自尊更多来源于能力知觉；而对于老年人、女性、有宗教信仰者或生活在集体主义价值观国家的个体而言，他们的自尊更多来源于道德知觉（Gebauer et al.，2013）。

总之，该问题目前还没有形成较为一致的结论。其主要原因是，上述研究仅把个体自尊的形成看成一个静态的、固定的过程，从而忽视了自我的动态建构性本质（Chartrand & Bargh，1996；Kitayama et al.，

1997；Mead，1934）。由于自我知觉过程是根据当下动机灵活变化的（Moskowitz，2005；Wojciszke，2005），因此本书认为，可能存在某种动机性因素，能够影响道德知觉和能力知觉在自尊中的相对重要性。

二 不道德行为

（一）不道德行为的定义和种类

不道德行为是指"不合法或在道德上不为社会所接受的行为"（Jones，1991：367）。其表现多样、种类丰富，如腐败、偷盗、欺骗和破坏公物等。不道德行为不仅仅存在于媒体报道的大案要案中，其在普通人群中同样广泛存在。越来越多的研究表明，大多数不道德行为是由具有一定道德标准的普通人做出的。即便是道德标准很高的个体，在不同情境下也可能做出不道德行为（Moore & Gino，2013）。

根据不同的划分标准，不道德行为可被分为多种类型。例如，根据不道德行为的受益人不同，可分为为他人（以满足他人需求为目的）或为自己（以获取自身利益为目的）的不道德行为（Dubois et al.，2015）。再如，根据不道德行为主体的人数，可分为个人层面（单个主体的行为，如贪污、挪用公款等）或人际层面（多个主体的行为，如贿赂、裙带关系等）的不道德行为。在人际不道德行为中，还存在单次或多次互动的不道德行为（Köbis et al.，2015）。另外，根据不道德行为的严重程度，不道德行为既包括小到日常不违反制度的细微行为（如日常谎言），也包括大到严重违反法律法规的重大不道德行为（如严重腐败）等（Herath et al.，2019）。根据行为的不道德性能否被意识到，不道德行为可分为有意识（明知某种行为不道德，但在情境等外力作用下仍做出的不道德行为，如对低地位群体的歧视）和无意识（意识不到行为涉及道德问题，如对内群体偏爱的内隐态度）的不道德行为等（Bazerman & Gino，2012）。不道德行为种类多样、危害性强、主体广泛且较为隐蔽，因此，对不道德行为的内部心理过程进行深入探讨有助于促进对不道德行为的标本兼治。

（二）不道德行为的内部、外部代价和收益

由于不道德行为严重破坏了社会秩序（Mazar & Ariely，2006），因此引起了跨学科学者们的广泛关注。关于不道德行为的研究，经历了从经济学视角向社会心理学视角的转变过程。

在传统的经济学视角下，研究者用代价-收益框架分析不道德行为（Becker，1968）。该视角将个体看作理性经济人，并从外部代价和收益的角度分析不道德行为的后果。研究者认为个体是否做出不道德行为，取决于其对不道德行为的物质收益、被发现的风险和被处罚量级的预期和权衡（Allingham & Sandmo，1972）。因此，在此框架下，研究者提倡通过加强监管和加大处罚力度的方法来抑制不道德行为。

然而，社会心理学视角下的研究发现，不道德行为除了使个体面临外在物质上的代价和收益以外，也会给个体带来心理上的影响。一方面，研究表明，即便在完全不可能被发现的情况下，个体也未必做出不道德行为（Fischbacher & Föllmi-Heusi，2013；Hilbig & Thielmann，2017；Lundquist et al.，2009）；即使做，也仅会做出中等程度的不道德行为，而避免最大限度地获利（Mazar et al.，2008；Hilbig & Hessler，2013）。这些研究结果与理性经济人假设相冲突，恰恰说明了做不道德行为需要付出一定的心理代价。另一方面，做出不道德行为的个体又会对微小程度的不道德行为感到厌恶（Shalvi，Dana，et al.，2011），因为他们渴望获得相应的荣耀感、自豪感和对结果的掌控感等心理上的提升体验，以补偿不道德行为带来的心理代价。综上，除了外在物质上的代价和收益之外，不道德行为还给个体带来了内在心理上的代价和收益（Sachdeva et al.，2009；Welsh et al.，2015）。

不道德行为之所以使个体体验到心理上的代价和收益，是来自行为与其内在价值标准的比较。个体在社会化的过程中，通过自身与社会的双向互动，逐步认识、掌握并内化社会的价值观和规范（Campbell，1964；Henrich et al.，2001），并与自身的主观经验相结合，进而形成内在价值系统。个体行为与内在价值系统相比对，可产生我是不是"有价值的人"的整体评价（Mazar et al.，2008）。如果行为与内在价值系统相

符，其内在价值系统则提供积极奖赏，个体的自我价值会得到维护和提升；若不符，个体将感受到心理代价，进行消极自我评价。

（三）不道德行为引发对自我的矛盾知觉

根据行为不同方面的特征，个体往往从社会知觉的道德、能力两个基本维度，对行为及行动者进行描述和分类（Borkenau，1986；Cislak & Wojciszke，2008；Wojciszke，1994）。道德知觉衡量行动者行为的意图对他人是有益还是有害，以及该行为是否破坏了规则；能力知觉则衡量行动者实现意图的效能与实力（Wojciszke，2005）。对行为或自我的知觉过程中，道德知觉和能力知觉之间彼此相互独立，例如，一个人可能被知觉为高道德、低能力，也可能被知觉为高道德、高能力（Osgood et al.，1957；Wiggins，1979）。基于前人研究，个体也可以基于不道德行为，通过道德知觉和能力知觉对自我进行描述。

就道德知觉而言，个体的不道德行为反映了行为实施者意图的有害性。不道德行为往往含有自利成分（Dubois et al.，2015；Winterich et al.，2014），且在此过程中不可避免地破坏社会道德规则、损害他人利益（Gino et al.，2009；Gino & Bazerman，2009）。因此，不道德行为可以降低个体对自己的道德知觉水平（Barkan et al.，2015；Sachdeva et al.，2009；Shalvi et al.，2015）。

就能力知觉而言，不道德行为体现个体较高的实现意图的效能。不道德行为的成功实施，体现了个体专注于自己的目的（Melnikoff & Bailey，2018），以快速、有效地实现自己意图的实力（Gray et al.，2012），进而提升个体对自己的能力知觉。研究表明，当个体能力受到威胁时，做不道德行为可以补偿个体的能力知觉（Wakeman et al.，2019），即使这种能力知觉的提升是一种无意识自我欺骗的假象，并有长期代价（Chance et al.，2011）。综上，不道德行为对能力知觉有提升作用。

个体做出不道德行为后，虽然可以从道德知觉、能力知觉两个维度对自我进行描述，但两种知觉路径究竟同时发生还是相互抑制，前人研究尚未形成定论。有研究认为，不道德行为同时影响道德知觉和能力知觉（Angleitner & Demtröder，1988；Borkenau，1986；Stellar & Willer，

2018；Wakeman et al.，2019），虽然影响方向不同（降低道德知觉水平、提升能力知觉水平），但影响强度相当。但也有研究表明，人们倾向于通过单一知觉路径来描述行动者，即不道德行为对两种知觉维度的影响强度相互抑制。例如，研究发现，个体基于同一行为所选择的知觉路径之间存在很强的负相关关系（－0.87～－0.54）（Wojciszke，1994：Study 2；Wojciszke，1997：Study 2），即若使用道德路径去知觉某行为的频率高，那么使用能力知觉去知觉该行为的频率就低，反之亦然。这些负相关关系不仅在两种知觉效价不一致时成立（如某行为降低道德知觉水平、提升能力知觉水平），而且在两种知觉效价一致时依然成立（如某行为同时提高道德知觉水平和能力知觉水平），说明以上负相关关系不能用避免评价不一致来解释。也就是说，根据行为对行动者进行描述的过程是一个寻找知觉参照体系的过程，这种参照体系往往是单一的，在应用时会抑制替代参照体系。例如，在某种情况下，不道德行为以损害个体的道德知觉为主，对其能力知觉水平的提升作用则被抑制（Barkan et al.，2015；Dubois et al.，2015）；相反，有时不道德行为以提升个体能力知觉为主，此时其对道德知觉水平的降低作用则被抑制（Chance et al.，2011；Gray et al.，2012；Melnikoff & Bailey，2018）。

总的来说，个体的不道德行为可能会导致对自我持有更低的道德知觉和更高的能力知觉，但是，二者究竟同时发生，还是相互抑制？究竟以对道德知觉的影响为主，还是以对能力知觉的影响为主？对这些问题的探索尚未得到一致性的结论。由于道德知觉和能力知觉在不同情况下的可及性（accessibility）不同，因此同样做出不道德行为，个体可能选择不同的知觉维度来描述自己（Higgins，1989；Ross & Nisbett，1990）。由于自我知觉过程是基于当下动机灵活变化的（Moskowitz，2005；Wojciszke，2005），因此本书认为，可能存在某种动机性因素，能够决定个体的不道德行为影响其道德知觉和能力知觉的相对强度。

三 不道德行为对自尊的影响

如前所述，个体做出不道德行为后，会将其行为与内在价值标准相比较，然后更新其对自我价值的整体评价。关于不道德行为如何影响自尊，已引发了学者们的广泛关注，但前人研究尚存在一些有待解决的理论问题。

（一）关于不道德行为如何影响自尊的已有研究结果

1. 负向效应

有研究认为，不道德行为对自尊有负向预测作用（Kammeyer-Mueller et al.，2012；Riek et al.，2014；Tangney et al.，2007）。因为不道德行为打破了社会道德规则，并引发指向自我的负面情绪，如内疚（Zeelenberg & Breugelmans，2008）、不安（Ayal & Gino，2011）、羞愧和焦虑等（DePalma et al.，1995；Eisenberg，2000），损害个体的自我形象（Barkan et al.，2015；Sachdeva et al.，2009），进而降低个体自尊水平（Gruenewald et al.，2004）。例如，Barkan 等（2012）发现，个体回忆做过的不道德事件会降低其自尊水平。

2. 无效应

另一些实证研究发现，不道德行为对自尊并没有显著影响（Cooper & Duncan，1971；Mazar et al.，2008；Okel & Mosher，1968）。研究者提出，为了避免自我评价的代价，个体会为其不道德行为寻找借口。根据认知失调理论（Festinger，1957），其不道德行为与积极的道德自我形象相冲突，进而引发心理失调，并带来焦虑和厌恶感。此时，个体会寻找一些自利的合理化方式以缓解失调和焦虑。这些合理化方式包括：选择性健忘（Kouchaki & Gino，2016；Shu & Gino，2012；Shu et al.，2011）、无意识归因（Pittarello et al.，2015；Shalvi，Handgraaf，et al.，2011）、行为结果利他性（Gino et al.，2013；Klein et al.，2017；Weisel & Shalvi，2015；Wiltermuth，2011）、清洁、祈祷、推脱以及道德许可等方式（Shalvi et al.，2015）。个体通过这些方式将不道德行为合理化，弥补了不道德行为带来的心理代价。因此，不道德行为对自我评价则不产生显著影响。

3. 正向效应

近年来，有些研究挑战了之前的结果，认为不道德行为对自尊有积极影响。研究发现，个体做出不道德行为后以心理的收益感为主，包括自主感、影响力、控制感、效能感（Cacioppo et al.，1996）和积极情绪（Ruedy et al.，2013），以及由社会地位的提升带来的荣耀感（Xu et al.，2018）等方面，进而促进自尊水平提升（Glass，1964；Richins & Dawson，1992）。例如，Ruedy 等（2013）发现，无论是回忆的不道德行为还是在问题解决任务中即时发生的不道德行为，均使个体体验到更多的积极情绪和自我满意感。

（二）前人研究中尚未解决的问题

1. 不道德行为影响自尊的不一致作用

如前文所述，关于不道德行为如何影响自尊，前人虽进行了大量探索，但结论并不一致。本书认为，上述关于不道德行为影响自尊的矛盾结果主要源于对不道德行为及自尊的不同分析视角。具体来说，当从社会视角解读不道德行为与自尊时，自尊体现了内化的社会价值观，不道德行为破坏系统道德规范的影响则被凸显，因而对自尊产生负向影响。当从个体视角解读不道德行为与自尊时，自尊体现了自我有效性活动和掌握性经验，不道德行为易化个体目标实现的影响则被凸显，因而对自尊产生正向影响。

米德（Mead，1934）的符号互动论指出，自我的形成是个体与社会系统相互作用的结果。受此启发，本书提出，个体和社会视角的互动可能是不道德行为影响自尊的决定性因素。

2. 两种知觉基础影响自尊的分歧结果

由本章第一部分可知，道德知觉和能力知觉是形成整体自尊的两个最主要的知觉来源，但道德知觉和能力知觉谁是自尊最核心的知觉基础、谁更能预测自尊，是社会心理学界一直争论不休的问题。这个理论问题的解决至关重要，因为它决定了人们在面临坚持道德规范和快速实现个体目标两种动机冲突时，个体如何行动或评价自己（Mulder & Aquino，2013），也决定了自尊的主导作用到底是超越他人还是和睦共生（Chan et al.，2019；Gebauer et al.，2015）。本书认为，自尊核心知觉基础的结果之所以存在分歧，其根源在于不同研究从不同视角去理解自尊的功能。一部分研究认为能力知觉在自尊中更重要，是由于它们从个体视角解读自尊，认为自尊的主要功能是满足个体超越他人的根本需求，进而将自尊与个体目标实现和掌握性经验相联系；而另一部分研究认为道德知觉在自尊中起主导作用，源于它们从社会视角理解自尊，认为自尊的主要功能是满足个体和睦共生的根本需求，将自尊与社会接纳和集体目标建立联系。然而，前述研究共同存在的问题是将自尊的形成与自尊的功能视为一个静态的、固定的过程，而忽视了自我的动态性、建构性本质（Bargh，1990；Kitayama et al.，1997；Mead，1934）。

由于"个体动机和目标在任何社会认知模型中都起着不可或缺的核心作用"（Moskowitz，2005：197），因此本书提出，采用动态视角、引入个体动机性因素可能能够解决关于自尊核心知觉基础的争议，并回答关于自尊功能的理论问题。

3. 不道德行为影响两种知觉基础的争议结果

不道德行为如何影响道德知觉和能力知觉，其究竟引发道德知觉的变化，还是能力知觉的变化，抑或二者皆有，前人研究结果也有争议。如本章第二部分所述，有研究认为不道德行为可同时从道德知觉、能力知觉两个维度进行解释（Angleitner & Demtröder，1988；Borkenau，1986；Stellar & Willer，2018），强度相当；但也有研究表明，不同知觉维度间可能会相互抑制：不道德行为仅产生道德知觉的损害（Barkan et al.，2015；Dubois et al.，2015），或以产生能力知觉的提升为主（Chance et al.，2011；Melnikoff & Bailey，2018；Zhang et al.，2020）。本书认为，之所以产生以上理论争议，是因为前人在研究个体做出不道德行为后的知觉过程时，忽视了道德知觉框架和能力知觉框架的选择过程会受到当下动机的影响。

个体信息处理过程是高度灵活的，并且取决于知觉者的当下动机（Moskowitz，2005；Wojciszke，2005），当个体的动机或目标不同时，其可及的知觉框架也具有选择性（Gollwitzer，1990，2012；Wojciszke，1994）。因此，不道德行为对道德知觉和能力知觉的影响可能也由某种动机性因素决定。

4. 不道德行为影响自尊机制的不完善路径

前人研究仅从道德知觉路径或能力知觉路径中的某一方面来分析

不道德行为对自尊的影响，结果存在争议，且无法揭示不道德行为带来的心理代价与收益的动态权衡过程。具体来说，通过梳理，笔者发现，认为不道德行为对自尊产生负向和中性影响的研究，均基于行为伦理学的研究框架对不道德行为进行道德解读，该框架下的研究有一个共同的假设，认为道德是自我形象和自我评价的核心维度（Aquino & Reed，2002；Bazerman & Gino，2012；Mazar et al.，2008；Zhao et al.，2019）。因此，该部分研究仅聚焦于道德知觉路径分析不道德行为对自尊的影响，如 Kouchaki 和 Gino（2016）让被试在做出不道德行为后进行自我价值评价时，使用的材料均是意图相关词语，如道德的、可信的、忠诚的等，进而得出了负向结果。相反，得出正向结果的研究则基于目标实现框架解读不道德行为，该框架把不道德行为看作追求与实现目标相关的行为，从不道德行为可以帮助个体快速实现目标的角度解读不道德行为带来的心理收益，进而提升自尊水平（Ruedy et al.，2013；Xu et al.，2018；Zhang et al.，2020）。因此，该部分研究仅聚焦于能力知觉路径分析不道德行为对自尊的影响，如 Ruedy 等（2013）让做出不道德行为的被试进行自我价值评价时，使用的材料均是能力相关词语，如聪明的、能干的、优秀的等，进而得出了二者之间的正向关系。

综上，前人关于不道德行为影响自尊机制的探讨，均从静态视角且分别单独聚焦于道德知觉或能力知觉某一单一路径，忽视了两种知觉在解读不道德行为以及在自尊形成中的权衡作用，同时忽略了个体的超越他人及和睦共生两种基本需求的拮抗过程（Chan et al.，2019；Gebauer et al.，2015）。因此，在不道德行为对自尊的影响机制中，需结合当下动机同时考虑道德知觉与能力知觉两种路径，以更真实、更系统且更动态地揭示个体的权衡机制。

由于系统合理化理论关注个体与社会系统的相互作用，反映人们采用个体抑或社会的视角来为自我的需求、想法或行为进行辩护的动机（Jost & Banaji，1994；Jost et al.，2001），因此本书提出，系统合理化动机可能是解决以上问题的重要理论支点。

四 系统合理化理论

（一）合理化的三个层面：自我、群体及系统的合理化

合理化（justification）是指个体为自己的想法或行为寻找合理性、合法性或支持的过程，是证明自我存在的合理性、证明自我存在价值的重要过程（Jost & Banaji，1994）。为了防止认知失调，人们经常有意识或无意识地合理化自己或内群体成员的情绪、想法、行为和地位，以及社会事件和现存社会环境等（Festinger，1957；Jost，2019；Jost & Banaji，1994；Tajfel，1981，2010）。早期研究者基于社会认同理论（Social Identification Theory）（Tajfel，1981），强调个体有维护和提升自尊的需要，继而提出了自我合理化动机（ego justification）（Arkin et al.，1980；Campbell & Sedikides，1999）及群体合理化动机（group justification）（Brewer，1979；Hewstone et al.，2002）在自尊维护中的作用。也就是说，个体通过感知及维护自身以及自身所在群体利益的合理性，以维护自我与所属内群体的积极形象（Tajfel & Turner，1986）。但 Jost 及其同事认为，自我和群体合理化动机无法解释一些违背自我和内群体利益的现象，如低地位群体的外群体偏好和保守主义现象（Jost & Banaji，1994；Jost et al.，2004）。因此，他们提出，个体不仅需要认可自我和内群体的合理性，还需要认可其所在社会系统的合理性，即愿意相信其所在的系统以及社会运行现状是公正的，并有意识或无意识地为现存制度和体系做辩护，哪怕这与其自身利益相冲突，也不管社会系统客观上是否合理、公正（杨沈龙等，2018；Jost & Banaji，1994），即提出了系统合理化动机（system justification）的存在。也就是说，每个个体都同时拥有合理化自我、内群体和所在系统的三种动机。

这三种动机有时是一致的，有时也可能是冲突的。例如，对于高阶层的个体来说，这三种动机是协调、无冲突的，自我、所属的群体和系统都是合理的、公正的，个体感知到一种良性的互动。但对于低阶层的个体来说，这三种动机无法和谐共存：接受系统的合理性意味着认可了自我和内群体处于弱势地位的合理性，而认可自我和内群体的合理性就代表认为系

统的制度和规则不合理（Jost & Banaji，1994）。以上两种冲突均会引发个体的认知失调，并使个体感到焦虑（Proulx et al.，2012）。为了消除焦虑，低阶层者必须在动机上有所取舍：如果选择相信自己是正义的，系统是不公的，那么"正义的自己"就有义务对不公的系统现状进行反抗；如果认为系统是合理的，那么也就说明自己是不好的，进而进行自我贬损（self-derogation），认为自己本该处于弱势地位。而处于弱势群体的个体由于自身控制感的不足（Christie & Barling，2009；Côté et al.，2010），较少反抗现状。因此，他们只能被动地相信系统是合理的，将其作为自己接受现状、不反抗的理由以减轻内心的焦虑。由此可以看出，系统合理化动机比自我或群体合理化动机得不到维护的代价更大。个体宁愿损失个人利益，也要维护社会系统的合理性（Jost & Burgess，2000）。

总之，个体除了有保护和合理化自我或内群体的动机，还有合理化所在系统的动机（Jost & Banaji，1994）。系统合理化并不能提供与自我合理化、群体合理化同等的保护自身或内群体利益的功能。相反，系统合理化具有保留现有的社会安排的功能，即使它们有时可能给个人和内群体造成某些心理和物质伤害。也正是这个特点，使系统合理化观点与自我合理化、内群体合理化观点形成了鲜明对比。

（二）系统合理化动机体现几种动机间的动态权衡

系统合理化理论的关键在于，即使当社会系统在某些方面不能满足个人的需要时，个体仍会选择大力支持系统，捍卫系统现状的合理性（Jost & van der Toorn，2012）。基于经典的认知失调理论（Festinger，1957），从根本上说，系统合理化的源头在于个体与系统的矛盾。具体来说，个体生活在社会系统中，他们对社会系统有各种各样的期望和需求。当他们感觉到系统在某一方面可能达不到自己的期望时，就会产生指向系统的焦虑情绪。然而，社会系统的现状仅凭个人力量往往无法改变，如果对社会制度不满意，个体则会经历长期的焦虑和抑郁情绪。因此，基于认知失调理论强调的心理调节机制，个体会调整自己现有的认知框架，去相信系统的合理性，使自己的认知再次达到协调状态，缓解冲突与焦虑（Jost & Banaji，1994；Jost et al.，2001；Kay & Jost，2014）。从这个意义上说，系统合理化动机水平反映了以个体或以社会视角合理化自身的需求、处境、观点或行为的动机之间的权衡（杨沈龙等，2016，2018），体现了个体与社会的互动。

系统合理化理论认为，在自我、群体和系统合理化三种动机的权衡中，系统合理化动机可以超越自我和群体合理化动机，来合理化个体或群体的地位或行为（Jost & Banaji，1994）。在高系统合理化动机情况下，人们会不惜一切代价维护系统的现状，而不是维护自己或其他内群体成员的利益。例如，个体会把消极的后果归咎于自己或内群体成员，以维持个体关于"人们得其所应得"的公正世界信念（McCoy & Major，2007；O'Brien et al.，2012）。类似地，女性和男性评价者一样，均更倾向于责备身体上受到攻击的女性受害者（Howard，1984）。

综上，系统合理化动机是一个"自我对抗"的过程，是一种对抗本能的自我、群体合理化动机以维护自我价值的方式（Kay & Jost，2014），其水平体现了以个体或社会视角合理化自身的需求、处境、观点或行为的动机之间的权衡。具体而言，当系统合理化动机水平低时，个体忽视社会系统运行规则，以个体视角用本能的自我合理化、群体合理化的方式维护自我价值（Jost，2019；Jost et al.，2004）；当系统合理化动机水平高时，系统合理化动机提供了社会视角的思维路径，个体为社会系统存在的合理性辩护的动机更强，此时宁愿牺牲自我和内群体成员的利益也要维护系统的公正性、合理性（Jost et al.，2012；Jost & Major，2001）。因此，系统合理化理论为许多社会问题的研究提供了一个个体与社会动态对话的视角，如腐败、刻板印象或社会集体行动等（Cichocka & Jost，2014；Jost et al.，2017；Osborne，Jost，et al.，2019；Tan et al.，2017）。

（三）系统合理化的内容及一般系统合理化动机

系统合理化理论提出，个体可以合理化多种不同的系统，并持有相应的系统合理化动机（Jost & Hunyady，2005；Jost & van der Toorn，2012）。第一，个体可以对某些抽象的价值观念、意识形态等信念系统进行合理化。例如，当个体对精英主义、成功主义等价值系统进行合理化时，会产生反对公平的信念和动机（McCoy & Major，2007）。此时，个体会努力维护当下阶层性的社会结构和不平等的群际关系，合法化支配性群体的权益，拒绝追求真正的公平公正（Jost & Thompson，2000；Wakslak et al.，2007）。第二，个体可以对当下的体制机制、组织机构或制度等进行合理化。例如，个体对当下的政治系统、经济系统进行合理化，形成政治或经济系统合理化动机（Cichocka & Jost，2014）；个体也可以对家庭、学校等系统进行合理化，从而更愿意维持当前的家庭、学校结构的合理性和稳定性（Jost, Blount, et al.，2003）；另外，个体还可以将户籍制度作为系统进行合理化，进而更加强调个体或群体的户籍身份，更希望为当前的户籍制度进行辩护（Kuang & Liu，2012）。

此外，更为常见的情况是，个体倾向于把国家、社会或当前的制度规范作为系统进行合理化。因此，研究者提出，人们把国家作为一个整体的系统进行合理化，就会产生一般系统合理化动机（Kay & Jost，2003；Rankin et al.，2009；Zimmerman & Reyna，2013）。一般系统合理化动机是指人们致力于维护国家和社会的稳定，合理化、合法化当下的社会整体的动机、信念或意识形态（Kay & Jost，2003）。一方面，它包含对经济、政治等广泛的、整体系统的合理化；另一方面，它基于各个国家的社会现实，同时也受到文化价值观的影响（Osborne et al.，2017；Sibley & Osborne，2016）。中国是一个根植于传统儒家文化的国家，其公民的系统合理化动机深受儒家仁、义、礼、智、信的价值观念的影响，尤其是其中的仁、义、礼、信，均体现了我国追求和谐、美德的集体主义文化根源（Chan，2008；Ip，2009）。本书聚焦于一般系统合理化①的探讨，并重点探讨其动机作用。

（四）系统合理化的成因和影响

1. 系统合理化的成因

系统合理化理论提出，每个个体都持有系统合理化动机或意识，即个体感知到当前社会是稳定的、合法的，并愿意支持和维护当前的

---

① 下文中简称"系统合理化"，即本书在不区分系统合理化的内容及类型时，均用"系统合理化"指代"一般系统合理化"。

社会现实系统的稳定性、合理性（Jost & Banaji，1994），即使自己或所在群体的利益会因此受到损害。为什么即使个体或内群体的利益受到损害，个体仍要维持社会现状的公正性和合理性？研究表明，系统合理化能够满足人们建立秩序、结构和确定性的认知需要，满足人们渴望安全、无威胁的生活环境的存在需要，以及满足人们与他人共享现实的关系需要（Hennes et al.，2012；Jost & Hunyady，2005；Jost et al.，2008）。

总体而言，虽然每个个体均持有系统合理化动机，但该动机的水平高低因人而异，且受情境因素的影响。多种情境因素能够激发个体维护其所在系统合理性的动机：如当所处系统中某些变化不可避免地发生时，当所处系统受到批评、挑战或威胁时，当必须依赖某系统或受控制于所在系统时，或者当个体感到缺乏控制感时，个体的系统合理化动机会增强（Kay & Zanna，2009；Kay & Friesen，2011）。深入理解这些情境因素，为本书操纵系统合理化动机提供了多方面的参考。研究者可分别通过操纵系统的不可避免性（Laurin et al.，2010）、系统面临的威胁（Jutzi et al.，2020；Ullrich & Cohrs，2007）、对系统的依赖性（van der Toorn et al.，2011）或个体控制感（Cutright et al.，2011；Shepherd et al.，2011）等情境，直接激发个体系统合理化动机。

2. 系统合理化的结果：麻木还是敏感

系统合理化理论重点关注了个体对系统相关威胁的反应方式问题。从前人研究结果可知，同样是持有高系统合理化动机的个体，对于威胁性的社会事件有不同的反应方式：有些事件会被个体敏锐地知觉为系统威胁，并强烈反对（Bonanno & Jost，2006；Jost，Glaser，et al.，2003；Ullrich & Cohrs，2007）；有些事件即使损害个体或内群体利益，也会被个体无意识地压抑、忽视和辩解，甚至得到更高的支持意愿，以维护社会系统的稳定（Godfrey et al.，2019；Osborne & Sibley，2013；Rankin et al.，2009）。关于此问题，Feygina 及其同事曾提到，可以用外生威胁和内生威胁区分威胁性事件与系统的关系，即如果威胁事件来自个体维护的系统之外，并且威胁系统的稳定运行（如恐怖袭击），系统合理化动机会驱使个体更敏感地知觉这些威胁，且引发抵抗态度；

当威胁事件来自个体维护的系统之内时，其本身被认为是系统正常运行的结果（如偏见），系统合理化动机则驱使个体对此产生冷漠、麻痹并反抗改变的反应（Feygina et al.，2010；Hennes et al.，2012；Napier et al.，2006；Wakslak et al.，2007）。

然而，该领域的研究存在两个问题：第一，关于如何准确判定威胁事件为系统内威胁还是系统外威胁（如腐败、环境污染），前人研究对系统本身内涵的界定非常模糊；第二，前人虽有研究结果从单一方面支持此假设，但系统合理化动机对内生、外生威胁产生不同影响的假设并没有在同一个研究中得到实证证明。

五　问题提出及研究意义

不道德行为作为一种广泛存在的社会问题，已成为当今社会心理学研究的热点。关于不道德行为如何影响自尊这一研究问题，基于前文综述可知，尚有以下几个问题亟待解决。第一，在现象层面，关于不道德行为对自尊的影响，研究结果存在冲突。第二，在其根源层面，一方面，自尊的主要知觉基础尚不清楚；另一方面，不道德行为对自尊的两种知觉基础的影响尚存争议。第三，综合上述两个层面可知，关于不道德行为影响自尊的机制，前人理论分析维度单一且仅局限于静态视角。

对应以上三个尚未解决的理论问题，本书聚焦于不道德行为如何影响自尊这一科学问题，具体探讨以下四个子问题：第一，不道德行为提升或降低自尊水平的边界条件是什么？第二，不同边界条件下，自我的道德知觉和能力知觉两种知觉基础如何共同影响自尊？第三，不同边界条件下，不道德行为如何影响自尊的两种知觉基础？第四，不同边界条件下，不道德行为如何通过不同的自我知觉，对自尊产生影响？

为解决上述问题，本书采用了一个理论切入点及两条路径进行深入探讨。首先，就理论切入点而言，本书通过个体与社会互动视角，引入系统合理化动机以厘清不道德行为对自尊的不同作用。引入原因如前文所述，由于不道德行为影响自尊的矛盾结果主要源于分析视角不同，而系统合理化动机水平恰好关注个体与社会系统的相互作用，即反映了合理化自身的需求、处境、观点或行为时所采用的个体或社会视角的权衡，因此本书提出，系统合理化动机可能会影响不道德行为与自尊的关系。其次，基于这个理论支点，本书引入道德知觉、能力知觉两条路径，探讨不道德行为对自尊的影响机制。由于道德知觉和能力知觉既是自尊的主要知觉来源，又是基于行为进行自我知觉的脚本，因此本书提出，二者或许是不道德行为影响自尊的主要路径。

  本书就不道德行为影响自尊的边界条件及其机制等问题进行探讨，旨在从以下几个方面对以往研究及理论进行拓展。第一，本书从个体与社会系统互动的视角整合不道德行为与自尊的不一致关系，旨在解决自我一致性理论和自我确认理论的冲突；第二，对于自尊领域，本书着眼于解决关于自尊的道德、能力两种知觉基础相对重要性问题的争论，旨在回应关于自尊功能的理论争议，深化对于自尊本质的认识；第三，对于不道德行为领域，本书尝试通过区分道德知觉、能力知觉两条路径，更真实地揭示不道德行为给自我评价带来的代价与利益的心理权衡，揭示内部奖惩机制的作用机理；第四，对于系统合理化理论，本书旨在揭示系统合理化动机不仅影响自尊的水平高低，也影响自尊的核心知觉基础。

第二章

理论推导及研究概览

本书将以系统合理化动机为切入点，同时引入道德知觉和能力知觉，来探究系统合理化对不道德行为与自尊关系的影响及作用机制。具体而言，本书将聚焦于探讨以下四个研究问题：第一，探讨系统合理化在不道德行为对自尊的影响中是否起到边界作用。第二，为了明确上述边界效应的核心机制，本书首先从自尊核心知觉基础的角度切入，探讨道德知觉和能力知觉对自尊的预测作用是否受系统合理化的调节。第三，本书进一步从解读不道德行为的知觉基础的角度切入，探讨不道德行为对道德知觉与能力知觉的不同作用如何受系统合理化的影响。第四，本书尝试建立权变的双路径模型，探讨在系统合理化动机的不同水平下，不道德行为如何通过不同的知觉维度对自尊产生影响。

针对上述四个研究问题，我们在本章中提出了四个相应的研究假设，并对这些研究假设进行了严谨的理论推导。我们首先推导系统合理化动机在不道德行为影响自尊中的调节作用，然后基于该调节作用分别推导其核心作用机制，最后推导不道德行为影响自尊的完整作用路径。基于此，我们介绍本书的整体理论框架和验证研究假设的技术路径。

一　系统合理化在不道德行为对自尊影响中的调节作用

系统合理化是指人们认可并维护现行社会系统的合理性、合法性及公正性，维护社会稳定的动机（Kay & Jost，2003）。因此，系统合理化动机水平反映了个体合理化自身的需求、处境、观点或行为时所采用的视角和方式，即决定了个体在解读不道德行为、进行自我评价时，将采取个体视角抑或社会视角。因此，本书认为系统合理化动机能够调节不道德行为对自尊的影响，我们将从两方面对其原因进行具体论述。

一方面，系统合理化作为一种动机而言，代表了人们维护社会系统稳定的意愿，影响个体基于不道德行为进行自我评价的视角与方式。当系统合理化水平高时，个体有强烈动机维持整体社会运行规则，并保护社会现状的合理性、公正性（Blasi & Jost，2006；Jost & Banaji，1994；Jost et al.，2010）。个体做出不道德行为就意味着破坏了当下的社会规则或制度（Ruedy et al.，2013），给当下社会系统带来威胁。这与个体维护社会稳定性、合理性的动机相冲突，因此就会威胁个体心理同一性和完整性（sense of psychological integrity）（Festinger，1957），进而威胁自尊（Steele et al.，1993）。相反，当个体系统合理化水平较低时，个体会忽略现存社会中的规范（包括道德规范），更多地依靠自利的本能从个体利益层面解读行为、判断自我价值。此时做不道德行为带来的道德代价较小，且个体通过自己的能力来改变现状的效能收益相对凸显，进而提升个体自尊水平（Diener & Diener，1995；Isaksen & Roper，2012；Ruedy et al.，2013）。

另一方面，系统合理化作为对现行社会系统是否公平、合法和公正的感知或信念而言，影响不道德行为带来的心理代价与收益的权衡。当个体认为社会系统不公正时，根据"破窗效应"（Kelling & Wilson，1982），此时个体做出不道德行为后会感受到较小的社会压力，面临较低的道德成本（Hystad et al.，2014；Saidon et al.，2010；Shu et al.，2011），同时预期有较大的回报（Diekmann et al.，2015）。也就是说，当个体认为系统不合理时，会把道德向利益的让渡当作正常的社会交换。这种社会活动的道德成本较低，效用较大，可通过凸显成功经验和获得的额外资源，提升个体自尊水平（Jiang et al.，2015；Shrum et al.，2013）。相反，当个体系统合理化水平高时，意味着其对当下社会系统持有公平、合法和公正的信念。此时从事不道德行为则会使个体感到更加内疚（Zeelenberg

& Breugelmans，2008），进而威胁自尊（Gruenewald et al.，2004）。

因此本书提出：系统合理化在不道德行为对自尊的影响中起调节作用（假设1）。当系统合理化水平高时，不道德行为降低自尊水平；当系统合理化水平低时，不道德行为提升自尊水平。

二 系统合理化调节道德知觉、能力知觉影响自尊的相对强度

假设1提出了系统合理化动机决定不道德行为对自尊不同方向的影响，那么这种区分性作用的核心机制是什么？本书首先从形成自尊核心知觉基础入手，探讨道德知觉和能力知觉如何共同作用形成自尊。由于"个体动机和目标在任何社会认知模型中都起着不可或缺的核心作用"（Moskowitz，2005：197），因此本书提出，系统合理化动机可能提供了一种动态视角，能够解决关于自尊核心知觉基础的争议，并回答关于自尊功能的理论问题，以体现自我的动态建构性本质（Bargh，1990；Kitayama et al.，1997；Mead，1934）。

当系统合理化水平较高时，个体采取社会视角看待自尊的功能，由于道德比能力有更强的社会属性（Haidt，2012），此时道德在自尊中的作用则被凸显。具体而言，当系统合理化动机水平高时，维护社会系统合理性的强烈动机给个体提供了社会视角的思维路径，此时自尊被视为符合社会价值标准的程度（Hart et al.，2005；Pyszczynski et al.，1997）。由于社会文化价值观更多的是共生性（communal）价值观（Paulhus & Trapnell，2008；Schwartz & Bardi，2001），因此，相较于为个体利益服务的能力维度（Peeters & Czapinski，1990），此时个体更倾向于基于对道德系统的维护程度获得更高的声望、提升地位（Bai，2017；Bai et al.，2020；Grant，2013），并以此评价自己的整体价值（Anderson et al.，2015）。此外，维持现状和避免系统性威胁的强烈动机使得人们更加关注违反道德标准的社会代价（Hässler et al.，2019），而非个人私利（Ellemers et al.，2008；Landy，2015）。因此，高系统合理化动机情况下，相较于能力知觉，个体更多地依靠道德知觉来衡量自尊。

相反，当系统合理化动机水平较低时，个体通过自利的方式从个体

视角为自我利益进行辩护（Jost，2019；Jost et al.，2004），此时则突出能力对自尊的主导作用。具体而言，系统合理化动机水平较低的个体会忽略当前社会系统的制度和规则，以维护自身或内群体利益的自利方式解读行为，以个体目标实现的视角解读自尊（Jost，2019；Jost et al.，2004，2001；Osborne，Sengupta，et al.，2019）。此时，个体认为遵守道德规则会限制其目标达成，或使其利益处于易受损的状态（Bai，2017；Baumeister & Exline，1999；Bendersky & Shah，2012；Grant，2013）。相反，个体的能力有利于实现个人目标，并提高自我效能，以改变现状及自己的社会排序（Abele & Wojciszke，2007；Fiske et al.，2002）。在这种情况下，个体更依赖能力知觉而非道德知觉来获取资源和促进目标的实现，进而影响自尊。

综上，本书提出：系统合理化动机调节道德知觉和能力知觉影响自尊的相对强度（假设2）。具体来说，当系统合理化动机水平较高时，道德知觉比能力知觉更能预测自尊；相反，当系统合理化动机水平较低时，能力知觉比道德知觉更能预测自尊。

三　系统合理化调节不道德行为影响道德知觉、能力知觉的相对强度

假设2从厘清自尊核心知觉基础的评价过程入手，探讨系统合理化动机决定不道德行为影响自尊的核心机制。由前人研究可知，基于不道德行为的知觉过程和评价过程是分开进行、分开存储的（Srull & Wyer，1989；Wyer & Srull，1986）。那么，作为不道德行为影响自尊的核心机制的重要一环，对不道德行为的知觉过程，是否也存在类似效应？行为后的知觉过程，任务是对行动者的特征、目标意图好坏以及实现目标的能力等方面进行客观描述，进而对行动者进行分类；而基于描述性的知觉结果形成整体自尊的评价过程，目的则是基于对行动者特征的知觉结果对其进行整体好恶的态度评价，以指导自己后续能够进行趋利避害的快速反应（Wojciszke，2005）。这两个过程的相似之处是，知觉过程可根据当下动机灵活变化（Moskowitz，2005；Wojciszke，2005）。因此，同道

德知觉和能力知觉影响自尊的评价过程一致，本书认为，系统合理化动机可能也会影响不道德行为对道德知觉、能力知觉的相对预测强度。

当系统合理化动机水平高时，维护社会系统合理性的强烈动机给个体提供了社会视角的思维路径，使个体为社会系统存在合理性辩护的动机更强（Jost et al.，2012；Jost & Major，2001；Jost & van der Toorn，2012）。道德作为一种能够抑制个体利益以维护社会系统有序化的约束机制（Haidt，2012），在这种情况下会得到内化和维护。此时，个体更倾向于以是否符合社会运行秩序为判断依据去解读行为，而非以实现个人目标的个体视角去解读行为。因此，个体在基于行为进行信息收集和知觉自己的过程中，当系统合理化动机水平高时，会激活行为道德方面的信息，而抑制其目标实现相关的信息（Gollwitzer，1990，2012；Liberman & Förster，2000；Marsh et al.，1998）。

相反，当系统合理化动机水平低时，个体会忽略当前社会系统的制度和规则，以维护自身利益的自利方式解读行为（Jost，2019；Jost et al.，2004），此时则凸显行为在实现个人目标方面的作用。在目标被凸显的过程中，个体往往会自动忽略行为的道德问题，仅收集有利于目标实现的信息（Barsky，2008；Melnikoff & Bailey，2018；Zhang et al.，2020）。因此，个体在基于行为收集信息、知觉自己的过程中，当系统合理化动机水平低时，更倾向于激活能力知觉而非道德知觉。

因此，本书提出：系统合理化动机调节不道德行为影响道德知觉和能力知觉的相对强度（假设3）。具体来说，当系统合理化动机水平较高时，不道德行为对道德知觉的预测作用比对能力知觉的预测作用更强；相反，当系统合理化动机水平较低时，不道德行为对能力知觉的预测作用比对道德知觉的预测作用更强。

四　基于系统合理化调节的双路径模型

由本章第二部分和第三部分的推导可知，不道德行为如何影响道德知觉和能力知觉、两知觉维度如何影响自尊均取决于系统合理化水平。然而，在解释不道德行为对自尊产生不同影响的心理过程时仍存在以下两个问题。

第一，做出不道德行为后个体的道德知觉和能力知觉，以及影响自尊的道德知觉和能力知觉，二者是不是相同的变量（Spencer et al.，2005）？第二，如果相同，那么道德知觉和能力知觉如何共同解释不同系统合理化条件下不道德行为对自尊的影响机制？其间接效应分别有多大？为了回答这些问题，我们同时考虑道德知觉和能力知觉两条路径，并提出一个更为完整的模型，以探讨不道德行为对自尊产生不同影响的机制。

综合第二章第二部分至第三部分的理论推导，不道德行为对自尊的影响可整合为在系统合理化的不同水平下分别通过不同知觉路径进行中介的双路径模型。具体来说，在高系统合理化条件下，道德知觉可以解释不道德行为对自尊的负向影响。当系统合理化动机水平高时，个体维护现存社会机制和规则的动机水平高（Jost & Major，2001；Jost & van der Toorn，2012），更倾向于维护社会运行所必需的道德系统，更多地依靠道德知觉收集行为信息进行自我知觉以及基于自我知觉形成整体价值评价。此时个体的不道德行为则是对现存社会系统的外生威胁，其对自我知觉的影响以威胁道德知觉为主；同时，相较于能力知觉，道德知觉在自尊评价中起主导作用，因而导致自尊水平降低。因此，高系统合理化条件下，道德知觉在不道德行为对自尊的负向影响中起中介作用。

相反，在低系统合理化条件下，能力知觉可以解释不道德行为对自尊的正向影响。当系统合理化动机水平低时，个体忽视现有社会制度和规范（Jost，2019；Jost et al.，2004），更倾向于忽视道德的约束，强调以能力为凸显的社会现状的改变，更依赖能力而非道德来获取资源和促进目标的实现，更多地依靠能力知觉收集行为信息进行自我知觉以及基于自我知觉形成整体价值评价。此时个体做出不道德行为后，会忽视、抑制其行为的不道德性，而更看重自己成功实现意图的实力，提升对个体的能力知觉；同时，相较于道德知觉，能力知觉在低系统合理化条件下主导了对自尊的影响，因而此时自尊得到提升。因此，在低系统合理化条件下，能力知觉在不道德行为对自尊的正向影响中起中介作用。

综上，本书提出：在不道德行为影响自尊的机制中，系统合理化动机调节道德知觉和能力知觉两中介作用的相对凸显性（假设4）。也就是说，在高系统合理化条件下，道德知觉在不道德行为对自尊的负向影响中起中介作用；在低系统合理化条件下，能力知觉在不道德行为对自尊的正向影响中起中介作用。

五　研究概览

综合前两章内容可知，前人关于不道德行为如何影响自尊，存在四方面研究不足。具体而言，第一，关于不道德行为对自尊的影响，研究结果存在冲突；第二，自尊的主要知觉基础尚不清楚；第三，不道德行为对自尊的两种知觉基础的影响尚存争议；第四，关于不道德行为影响自尊的机制，前人理论分析维度单一且仅局限于静态视角。

针对以往研究中存在的问题，本书基于系统合理化理论，同时引入社会知觉的道德知觉和能力知觉两个基本维度，聚焦于解决以下四个具体问题：首先，不道德行为对自尊的影响是否取决于系统合理化动机？其次，系统合理化动机是否影响道德知觉和能力知觉对自尊的相对预测强度？再次，系统合理化动机是否影响不道德行为对道德知觉和能力知觉的相对预测强度？最后，在系统合理化动机的不同水平下，不道德行为分别如何通过道德知觉和能力知觉影响自尊？

为了回答这四个研究问题，本书分别提出并推导了四个理论假设。本书通过对系统合理化的调节作用和道德知觉与能力知觉的中介机制的探讨，来回答不道德行为如何以及为何影响自尊的理论问题，研究整体理论框架如图 2－1 所示。基于本章的理论分析，本书提出不道德行为影

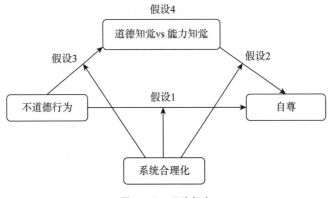

图 2－1　理论框架

响自尊的双路径权变模型，如图 2 - 2 所示。所谓权变，是指根据个体不同的系统合理化动机水平，采取不同的知觉路径（Delery & Doty，1996)，以实现不道德行为对自尊的不同影响。基于此，我们也构建了研究框架，如图 2 - 3 所示。

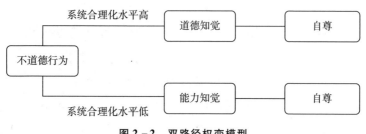

图 2 - 2　双路径权变模型

为此，本书通过 3 个研究 11 个子研究，验证 4 个假设，以回答以上问题。

研究 1 考察系统合理化动机在不道德行为提升或降低自尊水平中的边界作用。研究 1 包含 4 个子研究，其中，研究 1.1 通过贿赂情境测量不道德行为意向，研究 1.2 测量真实欺骗行为，研究 1.3 用回忆法、研究 1.4 用抛掷硬币法分别操纵回忆或真实的不道德行为，并均测量自尊和系统合理化动机。4 个子研究旨在从相关和因果关系上验证假设 1，即系统合理化动机在不道德行为对自尊的影响中起调节作用。

研究 2 从自尊核心知觉基础的角度切入探讨上述边界效应的核心机制，考察在不同边界条件下，自我的道德知觉和能力知觉如何共同影响自尊。研究 2 包含 4 个子研究，其中，研究 2.1 采用相关设计，测量个体的道德知觉、能力知觉、自尊和系统合理化动机；研究 2.2 采用因果设计，操纵系统合理化动机和道德知觉、能力知觉，测量自尊；研究 2.3 操纵系统合理化动机，更直接地测量道德知觉和能力知觉在整体自我价值评价中的重要性；研究 2.4 用虚拟现实技术更生动地操纵系统合理化动机，并控制初始自尊水平和自我构念，以排除个体的特质自尊水平和关注自我或他人的价值导向的影响。4 个子研究旨在从相关和因果关系上验证假设 2，即系统合理化调节道德知觉和能力知觉影响自尊的相对强度。

研究 3 有两方面作用：一是进一步从不道德行为影响自尊核心知觉

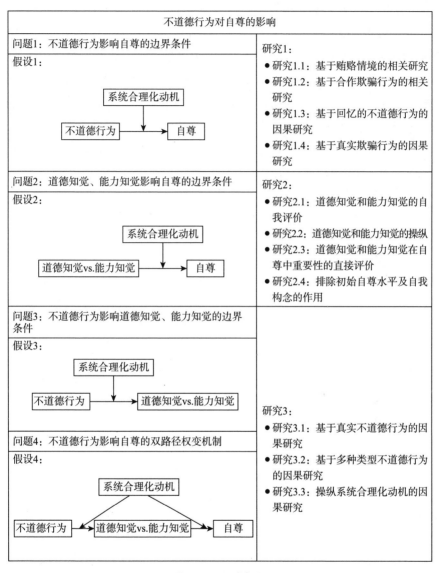

图 2 − 3   研究框架

基础的角度切入探讨不道德行为影响自尊边界效应的核心机制，探索不道德行为对两种知觉维度的作用如何受系统合理化动机的影响；二是通过整合的双路径权变模型探讨在系统合理化动机影响下，不道德行为影响自尊的完整心理路径。研究 3 包含 3 个子研究，研究 3.1 采用硬币抛掷法操纵即时的不道德行为，并测量道德知觉、能力知觉、自尊和系统合理化动机；研究 3.2 采用回忆法操纵不道德行为，并测量道德知觉、能力知觉及自尊；研究 3.3 采用系统威胁法操纵系统合理化动机，采用硬币抛掷法操纵欺骗行为，并测量其后的道德知觉、能力知觉和自尊。3个子研究旨在验证假设 3 和假设 4，即系统合理化动机调节不道德行为影响道德知觉和能力知觉的相对强度，同时调节道德知觉和能力知觉两中介作用在不道德行为影响自尊中的相对凸显性。

　　需要说明的是，考虑到道德知觉和能力知觉之间可能存在相互影响，本书尽可能地在实验设计和数据分析中控制二者之间的相互作用。

第三章

研究 1 不道德行为对自尊的影响：
系统合理化的调节作用

一 引言

研究 1 考察系统合理化动机如何影响不道德行为对自尊的作用，以回答不道德行为提升或降低自尊水平的边界条件问题。本研究旨在验证假设 1：系统合理化动机调节不道德行为对自尊的影响（见图 3-1）：当系统合理化水平高时，不道德行为降低自尊水平；当系统合理化水平低时，不道德行为提升自尊水平。研究 1 包含 4 个子研究。研究 1.1 通过贿赂情境测量不道德行为意向，研究 1.2 通过问题解决范式测量真实的合作欺骗行为，以验证假设模型的相关关系。为了从因果关系上验证假设，研究 1.3 通过回忆法操纵多种类型的不道德行为，研究 1.4 通过抛掷硬币法操纵即时的欺骗行为。所有子研究中的自尊和系统合理化动机均采用经典量表进行测量。

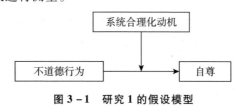

图 3-1 研究 1 的假设模型

二 研究 1.1：基于贿赂情境的相关研究

（一）研究目的

研究 1.1 旨在考察系统合理化动机如何影响贿赂意向与自尊的关系。本研究测量被试在商业腐败情境中的贿赂意向、个体自尊和系统合理化动机。本研究预测，当系统合理化水平高时，贿赂意向负向预测自尊；当系统合理化水平低时，贿赂意向正向预测自尊。

（二）研究方法

1. 被试与统计检验力

鉴于我们事先并不确定合适的样本量，因此本研究尽可能多地招募被试。最终我们一次性招募 292 名被试，其中男性 206 名，女性 86 名，年龄范围为 17～21 岁，平均年龄为 18.53 岁，标准差为 0.73。我们用 G^* Power 3.1（Faul et al.，2007）对样本进行敏感性分析可知，在保证 80% 统计检验力和 5% 的一类错误率的情况下，292 名被试可检验的最小交互效应的效应量为 $f = 0.16$（相当于 $R^2 = 0.026$）。

2. 研究工具

贿赂意向。本研究采用改编自 Mazar 和 Aggarwal（2011）的商业行贿情境，测量被试的贿赂意向作为不道德行为的指标。被试最后得到的实验报酬与其在情境中的决策相关。在情境中，被试把自己想象为一名销售代理，其所在公司必须与其他两家公司竞争以赢得国际买家的合同并获得佣金。该销售代理正在考虑是否向潜在买家提供贿赂以帮助公司赢得该合同。阅读完具体情境后，被试在"如果是我，我会送钱"或"如果是我，我不会送钱"两个选项中做出选择，代表其贿赂意向。根据其"会"或"不会"的回答，将被试划分为有贿赂意向组、无贿赂意向组。

行贿情境具体指导语如下：

想象你在一家公司做销售代理，这家公司有很多国际上的业务往来。你的一部分工作是与各个国际买家进行沟通并且努力为你的公司赢得订单。收入是底薪加提成，提成是你签的订单价值的 0.1%。

现在，你和一位拉丁美洲的潜在买家进行了沟通和交流，这位买家非常喜欢你们公司的产品。你开出的产品价格非常有竞争力，你乐观地认为你将成功地赢得他的订单。订单价值很高（约为5000000 美元），这将成为你成功签订的金额最高的订单。你和这位买家进行商业谈判过程中气氛融洽，这让你非常开心。但同时还有另外两家公司在竞争这笔订单。与另外两家公司相比，你们公司产品的质量很高，但价格略贵。

昨天你听这位买家反馈说他还没做出决定。你想到如果你给他送些钱，他可能会很高兴地和你们公司签订单，你考虑送给他 1000美元。这远远少于你们公司将从这笔订单中获得的利润。事实上，这个钱数是你将获得的提成的 1/5。

你想明天和这位买家碰面，因此你现在需要做出最后的决定。你决定送钱还是不送钱？

　　A. 如果是我，我会送钱　　　　　　B. 如果是我，我不会送钱

自尊。本研究采用改编自 Rosenberg（1965）的自尊量表测量被试做出贿赂选择后的即时自尊水平（Liang et al.，2020），该量表共包含 10道题目。根据 Thompson（2004）的研究，我们将原量表的"经常"替换为"此时此刻"，以评估个体的状态自尊。例如，"此时此刻我认为自己是一个有价值的人"。被试在 7 点量表上选择其对每个陈述的赞同程度（1 = 完全不赞同，7 = 完全赞同）。自尊水平根据 10 道题目的平均分数计算得出（α = 0.78），得分越高表示自尊水平越高。

系统合理化。本研究采用 Kay 和 Jost（2003）编制的量表测量个体的系统合理化水平，该量表共包含 8 道题目。原版中的"美国"被替换为"中国"，例如，"总的来说，中国社会是公平公正的"。被试在 7 点量表上选择其对每个陈述的赞同程度（1 = 完全不赞同，7 = 完全赞同）。

8 道题目的平均得分作为系统合理化水平的指标（α = 0.81），评分越高代表维护现存社会系统合理性的动机越强。

3. 研究程序

本研究过程共分为三步。第一，被试填写知情同意书。通过知情同意书，被试被告知实验大致目的和内容、程序和大概时长，以及被试的权利与义务和保密原则等。第二，被试完成问卷测量。被试首先阅读并想象自己是材料中的主人公，并做出贿赂选择；然后被试完成自尊及系统合理化量表；最后填写人口学信息，包括性别和年龄。第三，主试向被试说明真实研究目的。

（三）结果与讨论

1. 描述统计

在所有参与实验的被试中，有 111 名被试（38%）选择"如果是我，我会送钱"，181 名被试（62%）选择"如果是我，我不会送钱"。根据被试在腐败情境中的贿赂意向，我们将其划分为有贿赂意向组和无贿赂意向组。两组被试的系统合理化、自尊水平的均值及标准差如表 3 – 1 所示。通过独立样本 t 检验可知，被试的贿赂意向对系统合理化动机没有显著影响，t（290）= 1.64，$p = 0.10$。

表 3 – 1　不同贿赂条件下的系统合理化和自尊水平（$M \pm SD$）

变量	贿赂条件	
	否	是
系统合理化	4.79 ± 1.17	4.57 ± 1.07
自尊	5.08 ± 0.83	5.05 ± 0.63

2. 调节效应

为了检验假设 1，本研究采用回归分析的方法检验系统合理化动机在贿赂意向与自尊关系中的调节作用，并用选点法（Pick-a-point Approach）和探照灯分析法（Floodlight Analysis，J-N 检验法）进行简单斜率检验。在回归分析前，我们对贿赂意向进行虚拟编码（0 = 不贿赂，1 = 贿赂），并将系统合理化分数进行中心化，然后计算二者乘积项。在回归分析中，我们首先把贿赂意向和中心化后的系统合理化动机纳入预测自尊的回归方程，继而把二者乘积项纳入回归方程。结果表明（见表3-2），贿赂意向预测自尊的主效应不显著，系统合理化的主效应显著。最重要的是，系统合理化对贿赂意向与自尊关系的调节作用显著，$B = -0.25$，95% CI $[-0.41，-0.10]$，$SE = 0.08$，$\beta = -0.22$，$t = -3.16$，$p = 0.002$，$\Delta R^2 = 0.03$，90% CI[1] $[0.01，0.07]$。

表3-2 对自尊的多元线性回归分析结果（研究1.1）

	B [95% CI]	SE	β	t	p	R^2	ΔR^2
第一层						0.07	0.07
贿赂意向	0.01 $[-0.16，0.19]$	0.09	0.01	0.16	0.88		
系统合理化	0.17 $[0.10，0.25]$	0.04	0.26	4.48	< 0.001		
第二层						0.10	0.03
贿赂意向	-0.002 $[-0.18，0.17]$	0.09	-0.001	-0.02	0.98		
系统合理化	0.26 $[0.17，0.35]$	0.05	0.38	5.54	< 0.001		
贿赂意向 × 系统合理化	-0.25 $[-0.41，-0.10]$	0.08	-0.22	-3.16	0.002		

为了更清晰地解读交互作用，我们首先采用选点法（$M \pm SD$）进行简单斜率检验（Aiken & West，1991）。简单斜率检验结果显示（见图3-2），当系统合理化水平高（+1 标准差）时，贿赂意向负向预测自尊，*simple slope* = -0.29，95% CI $[-0.54，-0.03]$，$SE = 0.13$，$t(288) = -2.21$，

---

① 本书在报告置信区间时采用两种方式（Dang et al.，2018a，2018b）。一方面，Steiger（2004）指出，对于效应量 η^2（或 R^2），90% 的置信区间可能比 95% 的置信区间更加合适。这是因为 90% 的置信区间几乎不会包含 0，而 95% 的置信区间有可能会包含 0。而 η^2（或 R^2）本身应该是非负数。因此，基于传统的 0.05 显著性水平，利用方差分析（或回归分析）计算 η^2（或 R^2）的置信区间时，90% 的置信区间更合适。本书在报告 η^2（或 R^2）的置信区间时，均采用 90% 的置信区间。另一方面，在报告效应量 *Cohen's d*、*r* 以及回归系数 *B* 的置信区间时，均采用 95% 的置信区间。

p =0.03；当系统合理化水平低（－1 标准差）时，贿赂意向正向预测自尊，*simple slope* = 0.28，95% CI ［0.04，0.53］，SE = 0.12，t（288）= 2.31，p =0.02。

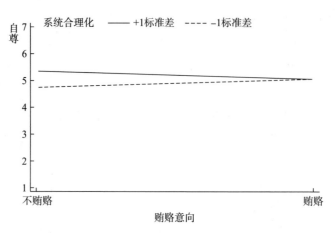

图 3－2　系统合理化对贿赂意向与自尊关系的调节作用（研究 1.1）

为了避免采用选点法进行简单斜率检验过程中将连续的调节变量划分高、低组（$M \pm SD$）带来的统计检验力损失，我们又通过探照灯分析法（Spiller et al.，2013）检验贿赂意向对自尊的预测效应随系统合理化动机水平变化的趋势。我们采用 Johnson-Neyman 程序，分别找出了贿赂意向与自尊的正向与负向关系所对应的系统合理化动机的范围。如图 3－3 所示，当系统合理化水平大于 5.60 时 ［7 点量表中的 5.60：b = －0.23，SE =0.12，t（288）= －1.97，p =0.05］，贿赂意向预测自尊的简单斜率值小于 0，即当系统合理化水平高于 5.60 时，贿赂意向显著负向预测个体自尊，且随系统合理化水平的提升，贿赂意向对自尊的负向预测作用逐渐增大。同理，当系统合理化水平小于 3.86 时 ［7 点量表中的 3.86：b = 0.21，SE =0.11，t（288）= 1.97，p =0.05］，贿赂意向显著正向预测个体的自尊，且此时随系统合理化水平的降低，贿赂意向对自尊的正向预测作用逐渐增大。而当系统合理化动机水平介于 3.86 与 5.60 之间时，简单斜率的 95% 置信区间包含 0，意味着此时贿赂意向对自尊没有显著的预测作用。

综上，研究 1.1 的结果从相关关系上验证了假设 1，即系统合理化

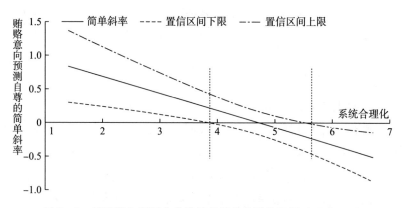

图 3 – 3 贿赂意向预测自尊的简单斜率及置信区间（研究 1.1）

说明：1. 图中置信区间为系统合理化水平对应简单斜率的95%的置信区间（下同）；

2. Johnson-Neyman 检验图描绘了在不同的系统合理化水平下，贿赂意向预测自尊的简单斜率大小。图中的垂直虚线标记了简单斜率的拐点为 3.86 和 5.60（7 点刻度，下同）。

动机调节了贿赂意向与自尊的关系。具体而言，当系统合理化水平高时，贿赂意向负向预测自尊；当系统合理化水平低时，贿赂意向正向预测自尊。

三 研究 1.2：基于合作欺骗行为的相关研究

（一）研究目的

研究 1.1 以贿赂这种不道德行为为例，通过想象的情境初步验证了调节模型。为了增加结果可靠性，研究 1.2 将贿赂情境拓展到真实欺骗行为。该拓展体现在两个方面：首先，本研究将想象情境中的贿赂意向拓展到现场即时发生的欺骗行为，旨在让被试真实地感受互惠获利、损害第三方利益和被发现风险等不道德行为自身的特点，更深刻地体验不道德行为当下的利弊权衡，以更真实地揭示不道德行为的后续影响；其次，本研究将单纯出于自利目的的不道德行为拓展到关注合作的、利他框架下的不道德行为，通过假被试提供额外经济利益以要求虚报成绩的欺骗范式测量不道德行为，旨在拓展研究结论在不同形式的不道德行为中的适用性（Weisel & Shalvi, 2015）。本研究预测，当系统合理化水平高时，欺骗行为负向预测自尊；当系统合理化水平低时，欺骗行为正向预测自尊。

（二）研究方法

1. 被试与统计检验力

根据前人利用此欺骗范式（Ruedy et al.，2013：Study 5）所得类似交互作用的效应量 $\omega^2 = 0.16$，通过 G*Power 3.1（Faul et al.，2007）进行的事前检验表明，44 名被试足以获得 80% 的统计检验力（$\alpha = 0.05$）。于是，我们一次性招募了 47 名被试参加实验，其中男性 11 名，女性 36 名，平均年龄为 20.89 岁，标准差为 2.25。被试除可获得 10 元基础被试费以外，还可以根据其任务表现，获得 0~60 元不等的额外奖励。

2. 研究工具

欺骗行为。本研究采用前人的问题解决范式（Ruedy et al.，2013）测量个体的真实不道德行为。真假被试首先一起完成数学矩阵问题解决任务：任务共包括 20 个矩阵，每个矩阵由 12 个 10 以内包含两位小数的数字组成（Mazar et al.，2008），任务要求在 4 分钟内尽可能多地在每个矩阵中找到两个和为 10 的数字。根据预实验结果可知，对所有人来说，在 4 分钟内解决 20 个矩阵任务都是几乎不可能完成的（$M_{求解} = 8.55$，$SD = 3.21$，最大求解数 = 19.00）。被试将根据完成的矩阵数获得额外奖励：如果解出的矩阵数少于或等于 10，则每个正确答案额外奖励 1 元；如果正确解出的矩阵数超过 10，则每多解出 1 题，可获得额外奖励 5 元。4 分钟后，主试回到房间，告知真假被试交换答卷互相评分，并首先对真被试的答卷进行评分。假被试每次均答对 10 个，并向真被试提出给其多报 4 个正确数目然后平分 20 元额外被试费的要求。最后，将真被试向主试报告成绩时是否给假被试虚报成绩，作为其不道德行为的测量。

自尊。本研究采用改编自 Rosenberg（1965）的自尊量表测量被试做出欺骗行为后的状态自尊水平（$\alpha = 0.83$），测量方式同研究 1.1。

系统合理化。本研究采用 Kay 和 Jost（2003）的量表测量个体系统合理化水平（$\alpha = 0.81$），测量方式同研究 1.1。

3. 研究程序

为了尽量保证实验程序的标准化，我们首先招募了 20 名被试进行预实验。通过预实验及对被试的访谈，调整了实验参数（如4分钟内解决20个矩阵任务）并标准化实验流程（对主试、假被试的操作进行规范），以尽量保证整个实验流程的真实、自然，并尽可能排除各种潜在的干扰因素。最终形成了如下研究程序。

被试来到实验室，首先签署知情同意书。然后进行第一项问题解决任务。此时一名假被试背着书包在实验室大厅等候，主试则安排二人一同进入实验室密闭隔间，并向真假被试介绍实验任务，指导语为：

> 大家好，欢迎你们来参加实验。本研究测量您在压力情境下的问题解决能力。您现在手中拿到的答卷纸上有20个矩阵，每个矩阵由12个带有两位小数的数字组成。您的任务就是在4分钟时间内，分别从这20个矩阵中，找到两个数字，使它们相加和为10，像图例一样在数字上画圈标注。规定时间结束后，我们将根据您解决问题的成绩向您发放现金报酬。您参与本次实验的基础报酬是10元，答出10个或10个以内每解决1道题额外奖励1元，答出10个以上每多解决1道题，额外奖励5元。也就是说，您最多可获得10 +（10×1）+（10×5）=70元。如果还有问题，请您示意我，若没有则计时开始。

说完指导语后，主试退出房间，实验室密闭隔间内秒表和主试秒表同时开始倒计时。4分钟结束后，主试进入隔间，然后告知被试："实在抱歉，现在来做实验的人太多，我没时间批改，麻烦你俩交换答卷，彼此一起核对，算好一人的成绩后叫我，我来统计分数。"这时，假被试提出先核算真被试的成绩，然后2人一起计算。核算完成后假被试呼叫主试进入实验室，主试问答对几道题，假被试说真话，再向真被试问一遍："×道（根据真实情况），对吧？"主试将成绩记在本子上。假被试假装要交答卷，主试告知："不用交，我只统计数量，你们批改完放在那一堆答卷上面就可以了。"需要说明的是，桌角处的一沓问卷原本背面朝上，且没有明显序号，无法区分。然后主试出去，假被试翻动桌子上的一摞答卷，把试卷塞入问卷中间，边翻边说："答卷上没有序号，我们即便多报他们也无法区分。"

然后假被试与真被试一起批改假被试的答卷，假被试每次均答出 10 道题。假被试悄悄说："既然把咱做的答卷放在这沓答卷里无法区分，要不一会儿你帮我多报 4 个，他们正好多奖励我 20 块，咱俩平分每人 10 块，我等下出门就转账给你。"（如果真被试同意，则继续勾出四个矩阵的答案。）二人商量完呼叫主试进来，主试说："不好意思，刚有其他同学参加实验，进来晚了，请问被试 B 答对几道？"根据真被试的回答，主试记录成绩，然后指导二人把答卷纸背面朝上放入桌上答卷纸堆中，并引导被试到实验室大厅核对信息，用支付宝发放总报酬。

报酬发放完毕后，主试引导二者到另一个实验室完成一项后续实验的预实验。此时被试填写状态自尊量表和系统合理化量表，以及人口学信息，包括性别、年龄。问卷填写完成后，主试提醒两个被试对实验过程予以保密，并引导其离开实验室。

最后，两个被试一起走出实验室，假被试根据事先商定的结果决定是否向真被试进行 10 元现金转账。全部程序进行完，由假被试向真被试解释真实实验目的。

（三）结果与讨论

1. 描述统计

在所有参与实验的真被试中，有 20 名被试（42.6%）接受了假被试的请求，虚报了对方的成绩；27 名被试（57.4%）拒绝了假被试的请求，如实报告了假被试的成绩。根据其是否答应假被试的请求进而做出欺骗行为，将其划分为有欺骗行为组和无欺骗行为组。两组被试系统合理化、自尊水平的描述统计如表 3-3 所示。经检验，两组被试在调节变量系统合理化水平上不存在显著差异，$t(45) = 1.29$，$p = 0.20$。

表 3-3 不同欺骗行为选择下的系统合理化和自尊水平（$M \pm SD$）

变量	欺骗行为	
	否	是
系统合理化	4.49 ± 0.79	4.14 ± 1.06
自尊	5.08 ± 0.76	4.97 ± 0.77

2. 调节效应

与研究1.1一致，本研究采用回归分析法检验系统合理化在欺骗行为与自尊关系中的调节作用，并用选点法和探照灯分析法（J-N检验法）进行简单斜率检验。在回归分析前，我们对欺骗行为进行虚拟编码（0=无欺骗行为，1=有欺骗行为），并将系统合理化分数进行中心化，然后计算二者乘积项。在回归分析中，我们依次把前二者、二者乘积项纳入预测自尊的回归方程。结果表明（见表3-4），欺骗行为预测自尊的主效应不显著，系统合理化的主效应边缘显著。最重要的是，系统合理化在欺骗行为与自尊的关系中的调节作用显著，$B = -0.69$，95% CI $[-1.14, -0.24]$，$SE = 0.22$，$\beta = -0.63$，$t = -3.09$，$p = 0.004$，$\Delta R^2 = 0.17$，90% CI $[0.04, 0.34]$。

表3-4　对自尊的多元线性回归分析结果（研究1.2）

	B [95% CI]	SE	β	t	p	R^2	ΔR^2
第一层						0.08	0.08
欺骗行为	-0.03 $[-0.48, 0.42]$	0.22	-0.02	-0.13	0.89		
系统合理化	0.23 $[-0.01, 0.48]$	0.12	0.29	1.95	0.06		
第二层						0.25	0.17
欺骗行为	-0.03 $[-0.44, 0.38]$	0.20	-0.02	-0.15	0.88		
系统合理化	0.63 $[0.29, 0.96]$	0.17	0.76	3.73	0.001		
欺骗行为 × 系统合理化	-0.69 $[-1.14, -0.24]$	0.22	-0.63	-3.09	0.004		

为了更清晰地解读交互作用，我们首先采用选点法（$M \pm SD$）进行简单斜率检验（Aiken & West, 1991）。结果显示（见图3-4），当系统合理化水平高（+1标准差）时，欺骗行为负向预测自尊，*simple slope* = -0.67，95% CI $[-1.25, -0.08]$，$SE = 0.29$，$t(43) = -2.30$，$p = 0.03$；当系统合理化水平低（-1标准差）时，欺骗行为正向预测自尊，*simple slope* = 0.60，95% CI $[0.02, 1.18]$，$SE = 0.29$，$t(43) = 2.09$，$p = 0.04$。

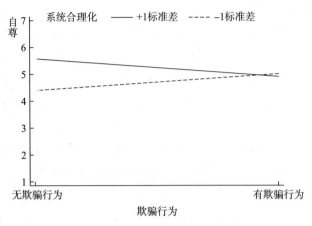

图 3-4 系统合理化对欺骗行为与自尊关系的调节作用（研究 1.2）

同样，我们采用与研究 1.1 相同的 Johnson-Neyman 程序，分别找出欺骗行为正向和负向预测自尊对应的系统合理化动机范围（见图 3-5）。结果发现，当系统合理化水平大于 4.97 时 [等于 4.97 时：$b = -0.52$，$SE = 0.26$，$t(43) = -2.01$，$p = 0.05$]，欺骗行为负向预测自尊；当系统合理化水平小于 3.57 时 [等于 3.57 时：$b = 0.56$，$SE = 0.28$，$t(43) = 2.01$，$p = 0.05$]，欺骗行为正向预测自尊。当系统合理化动机水平介于 3.57 与 4.97 之间时，欺骗行为对自尊没有显著的预测作用。

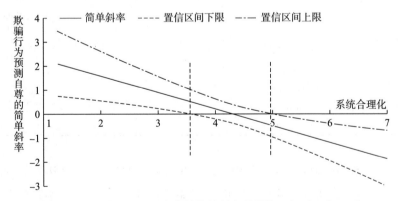

图 3-5 欺骗行为预测自尊的简单斜率及置信区间（研究 1.2）

研究 1.2 通过真实的、合作框架下的不道德行为的测量，在即时的日常欺骗行为中验证了假设 1，增加了结果的可靠性；同时也说明了该调节作用不仅适用于自利类型的不道德行为，在合作、利他框架下的不道德行为对自尊的影响中也同样适用。

四 研究1.3：基于回忆的不道德行为的因果研究

（一）研究目的

本研究从三方面对研究1.2进行拓展。首先，为了从因果关系上验证假设1，本研究对不道德行为进行操纵，以排除自尊影响不道德行为（Liang et al.，2016）的过程受系统合理化调节的可能。其次，为了拓展结果的可推广性及生态效度，排除不道德行为的种类多样性、动机复杂性和程度区分性等特点对自尊产生的不同影响，本研究将特定种类的不道德行为拓展到多种类型的不道德行为，采用自由回忆法操纵不道德行为（Leunissen et al.，2013）。最后，为了防止不道德行为对系统合理化动机的影响（作为合理化其不道德行为的方式），本研究在不道德行为的操纵之前测量了系统合理化动机。本研究预测，当系统合理化水平高时，相比中性回忆条件，回忆不道德事件会降低个体自尊水平；当系统合理化水平低时，回忆不道德事件会提升个体自尊。

（二）研究方法

1. 被试与统计检验力

根据研究1.2的交互作用效应量（$\Delta R^2 = 0.17$），通过 G^* Power 3.1（Faul et al.，2007）进行的事前检验表明，41名被试足以获得80%的统计检验力（$\alpha = 0.05$）。但有研究者认为事前检验的结果太过乐观（McShane & Böckenholt，2014），因此本研究尽可能多地招募被试。我们最终一次性招募了94名被试参加实验，其中男性15名，女性79名，平均年龄为20.27岁，标准差为2.86。被试被随机分配到不道德行为组（$n = 45$）或控制组（$n = 49$）。

2. 研究工具

系统合理化。本研究采用 Kay 和 Jost（2003）的量表测量个体系统合理化水平（$\alpha = 0.82$），量表同研究1.1。

不道德行为的操纵。本研究采用回忆范式操纵个体的不道德行为（Kouchaki & Gino，2016；Barkan et al.，2012）。被试被要求回忆近期的一个事件，并写一段200字以上的文字尽可能详细地描述事件当时的情况以及当时场景下的想法和感受。不道德行为组被试回忆近期做过的一件不道德行为，控制组被试则被要求回忆前一天晚上吃饭的场景。

不道德行为组的指导语如下：

请您尽可能详细地回忆并描述，您近几年做过的一件令您印象最深刻的不道德行为。这件事情或许会涉及自私、背叛、欺骗、不忠、伤害别人、损人利己、破坏环境以及直接或间接损害公共利益等不愉快经历，但依然请您尽可能详细地描述当时的真实情况（包括时间、地点、人物、过程和结果等），以及您当时体验到的真实想法、情绪和感受（不少于200字）。

控制组的指导语如下：

请您回忆并描述，您前一天晚上吃饭的场景。请您尽可能详细地描述当时的真实情况（包括时间、地点、人物、过程和结果等），以及您当时体验到的真实想法、情绪和感受（不少于200字）。

回忆任务完成后，被试在"请评价刚才回忆事件的不道德程度"题目上进行7点自评（1＝中性，7＝非常不道德）。被试的评分作为不道德行为的操纵检查，分数越高，代表回忆事件的不道德程度越高。

自尊。本研究采用改编自Rosenberg（1965）的自尊量表测量被试的状态自尊水平（$\alpha = 0.84$），测量方式同研究1.1。

3. 研究程序

本研究过程一共分为三步。第一，被试填写知情同意书。通过知情同意书，被试被告知实验大致目的和内容、程序和大概时长，以及被试的权利与义务和保密原则等。第二，正式实验。被试首先填写系统合理化量表；然后进行一项回忆任务，回忆并描述最近做过的不道德行为事件或前一天晚上吃饭的场景；最后被试完成自尊量表，并填写人口学信息，包括性别和年龄。第三，主试向被试说明真实研究目的，并发放实验报酬。

（三）结果与讨论

1. 操纵检查

首先，对不道德行为进行操纵检查。被试回忆的不道德行为种类多样、程度不一，包括发生于个体自身的（如骑行未上锁的小黄车）、人际的不道德行为（如同学间传播谣言），无明显利益受损方的（如违反交通规则）、有明显利益受损方的不道德行为（如向他人推卸责任），为获取自我利益而做出的（为了获利背叛他人的信任）、为保护他人利益而做出的不道德行为（为了保护他人自尊心而说出的谎言），从不违反纪律（看到乱堆的垃圾没有捡拾）到违反校规校纪（厕所内抽烟）再到违反法规法纪的不道德行为（向领导行贿）等。操纵检查表明，不道德行为组被试对回忆事件自评的不道德程度（$M = 3.92$，$SD = 1.11$）比控制组被试自评的不道德程度（$M = 2.24$，$SD = 1.45$）显著更高，$t(92) = 6.31$，$p < 0.001$，$Cohen's\ d = 1.30$，95% CI $[0.85, 1.74]$，即不道德行为的操纵有效。

2. 描述统计

两组被试的系统合理化、自尊水平均值及标准差如表 3 – 5 所示。

表 3 – 5　各不道德行为条件下的系统合理化和自尊水平（$M \pm SD$）

变量	不道德行为条件	
	控制组	不道德行为组
系统合理化	4.56 ± 0.90	4.45 ± 0.86
自尊	4.64 ± 1.05	4.15 ± 0.96

3. 调节效应

本研究采用回归分析法，检验了系统合理化动机在不道德行为（编码：0 = 控制组，1 = 不道德行为组）对自尊的影响中的调节作用，并进行了简单斜率检验，分析步骤、方法与研究 1.1 相同。数据结果表明（见表 3-6）：不道德行为预测自尊的主效应显著，系统合理化的主效应不显著。与前两个研究一致，不道德行为对自尊的影响受到系统合理化的调节，$B = -1.23$，95% CI $[-1.63, -0.83]$，$SE = 0.20$，$\beta = -0.74$，$t = -6.12$，$p < 0.001$，$\Delta R^2 = 0.27$，90% CI $[0.17, 0.40]$。简单斜率检验表明（见图 3-6），当系统合理化水平高（+1 标准差）时，相对于控制组，不道德行为降低了自尊水平，$simple\ slope = -1.54$，95% CI $[-2.03, -1.05]$，$SE = 0.25$，$t(90) = -6.22$，$p < 0.001$；当系统合理化水平低（-1 标准差）时，不道德行为提升了自尊，$simple\ slope = 0.61$，95% CI $[0.12, 1.10]$，$SE = 0.25$，$t(90) = 2.46$，$p = 0.02$。

表 3-6 对自尊的多元线性回归分析结果（研究 1.3）

	B [95% CI]	SE	β	t	p	R^2	ΔR^2
第一层						0.07	0.07
不道德行为	-0.47 [-0.88, -0.06]	0.21	-0.23	-2.26	0.03		
系统合理化	0.14 [-0.09, 0.38]	0.12	0.12	1.20	0.23		
第二层						0.34	0.27
不道德行为	-0.47 [-0.81, -0.09]	0.18	-0.23	-2.66	0.009		
系统合理化	0.75 [0.47, 1.03]	0.14	0.64	5.32	<0.001		
不道德行为 × 系统合理化	-1.23 [-1.63, -0.83]	0.20	-0.74	-6.12	<0.001		

同样，我们采用了与研究 1.1 相同的 Johnson-Neyman 程序，分别找出了不道德行为提升和降低自尊水平所对应的系统合理化动机的范围（见图 3-7）。结果发现，当系统合理化水平大于 4.39 时 [当系统合理化水平为 4.39 时：$b = -0.35$，$SE = 0.18$，$t(90) = -1.98$，$p = 0.05$]，不道德行为降低自尊水平；当系统合理化水平小于 3.76 时 [当系统合理化水平为 3.76 时：$b = 0.46$，$SE = 0.23$，$t(90) = 1.98$，$p = 0.05$]，不

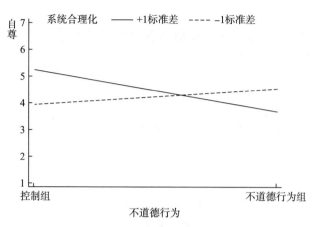

图3-6 系统合理化在不道德行为对自尊影响中的调节作用（研究1.3）

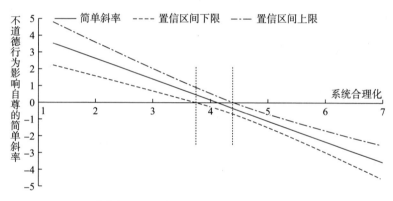

图3-7 不道德行为影响自尊的简单斜率及置信区间（研究1.3）

道德行为提升自尊水平。当系统合理化动机水平介于3.76与4.39之间时，不道德行为对自尊没有显著影响。

研究1.3通过自由回忆的方法操纵了不道德行为，不仅从因果关系上验证了假设1，更将特定种类的不道德行为拓展到多种类型的不道德行为，拓展了结果的可推广性及生态效度。此外，就实验程序而言，本研究在不道德行为的操纵之前测量了系统合理化动机，排除了不道德行为对系统合理化动机的影响给结果造成的干扰作用。

五　研究1.4：操纵真实欺骗行为的因果研究

（一）研究目的

研究1.3通过自由回忆范式操纵不道德行为，为不道德行为与自尊之间的因果关系提供了证据。为了避免事后回忆不道德行为导致的选择性遗忘影响研究结果（Kouchaki & Gino，2016），在研究1.4中，我们使用硬币抛掷范式操纵即时的欺骗行为。真实不道德行为的操纵可以更好地体现个体在道德与利益中的权衡过程，并进一步证实不道德行为影响自尊的因果作用。本研究预测，当系统合理化水平高时，欺骗行为降低自尊水平；当系统合理化水平低时，欺骗行为提升自尊水平。

（二）研究方法

1. 被试与统计检验力

根据研究1.3的交互作用效应量（$\Delta R^2 = 0.27$），通过 G*Power 3.1（Faul et al.，2007）进行的事前检验表明，24名被试足以获得80%的统计检验力（$\alpha = 0.05$）。但有研究者认为事前检验的结果太过乐观（McShane & Böckenholt，2014），因此本研究尽可能多地招募被试。最终一次性招募了106名自愿参加实验的被试，其中男性32名，女性74名，平均年龄为24.66岁，标准差为6.73。被试被随机分配到欺骗组（$n = 52$）或控制组（$n = 54$）。被试除可获得5元基础被试费以外，还可以根据其硬币抛掷任务表现，获得额外奖励0~10元不等。

2. 研究工具

系统合理化。本研究采用 Kay 和 Jost（2003）的量表测量个体系统合理化水平（$\alpha = 0.83$），量表同研究1.1。

欺骗行为的操纵。本研究改编前人硬币抛掷范式（Kouchaki & Gino，2016）操纵个体即时的、真实的欺骗行为。硬币抛掷任务共进行20轮，每轮相互独立。在每轮的抛掷任务中，控制组被试先报告猜测的抛掷结果，然后点击按钮系统随机抛掷硬币，最后报告猜测结果与实际抛掷结果是否一致，一致的次数与额外收益相对应。欺骗组被试事先也需要猜测抛掷结果，但只需把猜测结果记在心里，不用报告，最后同样在硬币抛掷后报告猜测结果与实际抛掷结果是否一致，并获得相应收益。通过比较两组被试报告的正确预测个数对操纵条件进行操纵检查。

游戏的分步指导语如下。

欺骗组：

第 N 轮：

①对于下面即将出现的抛掷结果，您在心里是否已形成明确预期？

A 是，我对本轮抛掷结果已形成明确预期

B 否，我对本轮结果尚未形成明确预期

②若您已形成明确预期，请点击"下一页"，开始系统随机抛掷。

③本轮抛掷结束后，您的预测结果与实际结果是否一致：

A 不一致　　　　　　　　　　B 一致

本轮结束，点击"下一页"进入下一轮。

控制组：

第 N 轮：

①请您预测下面即将出现的抛掷结果，并请您记住。

A 正面向上　　　　　　　　　B 反面向上

②预测结束后，请点击"下一页"，开始系统随机抛掷。

③本轮抛掷结束后，您的预测结果与实际结果是否一致：

A 不一致　　　　　　　　　　B 一致

本轮结束，点击"下一页"进入下一轮。

自尊。本研究采用改编自 Rosenberg（1965）的自尊量表测量被试的状态自尊水平（$\alpha = 0.87$），测量方式同研究 1.1。

3. 研究程序

本研究过程一共分为三步。第一，被试填写知情同意书。通过知情

同意书，被试被告知实验大致目的和内容、程序和大概时长，以及被试
的权利与义务和保密原则等。第二，正式实验部分。被试首先填写系统
合理化量表，然后进行硬币抛掷任务，最后完成自尊量表，并填写人口
学信息，包括性别和年龄。第三，主试向被试说明真实研究目的，并按
被试的实际任务表现发放相应报酬。

（三） 结果与讨论

1. 操纵检查

首先，对欺骗行为的操纵进行操纵检查。结果表明，欺骗组的被试
报告的正确预测个数（$M = 12.98$，$SD = 2.68$）比控制组被试的正确预测
个数（$M = 10.26$，$SD = 2.09$）显著更多，$t(104) = 5.85$，$p < 0.001$，
$Cohen's\ d = 1.13$，95% CI $[0.72, 1.54]$。欺骗组被试报告的正确预测
个数显著多于随机预测正确的个数（$20 \times 0.5 = 10$），$t(51) = 8.04$，
$p < 0.001$；控制组被试的正确预测个数与随机预测正确的个数无显著
差异，$t(53) = 0.91$，$p = 0.37$。综上，对欺骗行为的操纵有效。

2. 描述统计

两组被试的系统合理化、自尊水平的描述统计如表 3 − 7 所示。经检
验，两组被试参与测试前的系统合理化水平无显著差异，$t(104) = 1.06$，
$p = 0.29$。

表 3 − 7　不同欺骗行为条件下的系统合理化和自尊水平（$M \pm SD$）

变量	欺骗行为条件	
	控制组	欺骗组
系统合理化	4.52 ± 1.00	4.71 ± 0.84
自尊	4.73 ± 0.99	4.90 ± 0.71

3. 调节效应

本研究采用回归分析的方法，检验系统合理化在欺骗行为（编码：
0 = 控制组，1 = 欺骗组）影响自尊中的调节作用，并进行简单斜率检验，
计算方法同研究 1.1。数据结果表明（见表 3 − 8）：欺骗行为对自尊没有

显著影响，系统合理化的主效应显著。重要的是，与假设 1 一致，欺骗行为对自尊的影响受到系统合理化的调节，$B = -0.57$，95% CI $[-0.91, -0.23]$，$SE = 0.17$，$\beta = -0.38$，$t = -3.30$，$p = 0.001$，$\Delta R^2 = 0.09$，90% CI $[0.02, 0.19]$。简单斜率检验表明（见图 3-8），当系统合理化水平高（+1 标准差）时，欺骗行为有降低自尊水平的趋势，$simple\ slope = -0.39$，95% CI $[-0.83, 0.04]$，$SE = 0.22$，$t(102) = -1.79$，$p = 0.07$，虽然尚未达到显著水平；当系统合理化水平低（-1 标准差）时，欺骗行为显著提升自尊水平，$simple\ slope = 0.66$，95% CI $[0.21, 1.10]$，$SE = 0.23$，$t(102) = 2.92$，$p = 0.004$。

表 3-8　对自尊的多元线性回归分析结果（研究 1.4）

	B [95% CI]	SE	β	t	p	R^2	ΔR^2
第一层						0.09	0.09
欺骗行为	0.12 [-0.20, 0.44]	0.16	0.07	0.74	0.46		
系统合理化	0.27 [0.10, 0.49]	0.09	0.29	3.11	0.002		
第二层						0.18	0.09
欺骗行为	0.13 [-0.18, 0.44]	0.16	0.08	0.85	0.40		
系统合理化	0.50 [0.29, 0.72]	0.11	0.54	4.60	<0.001		
欺骗行为× 系统合理化	-0.57 [-0.91, -0.23]	0.17	-0.38	-3.30	0.001		

同样，我们采用了与研究 1.1 相同的 Johnson-Neyman 程序，分别找出了欺骗行为提升和降低自尊水平所对应的系统合理化的范围。结果发现（见图 3-9），当系统合理化水平大于 5.62 时［当系统合理化水平为 5.62 时：$b = -0.47$，$SE = 0.24$，$t(102) = -1.98$，$p = 0.05$］，欺骗行为降低自尊水平；当系统合理化水平小于 4.27 时［当系统合理化水平为 4.27 时：$b = 0.33$，$SE = 0.17$，$t(102) = 1.98$，$p = 0.05$］，欺骗行为提升自尊水平。

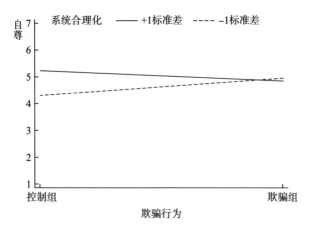

图 3 – 8　系统合理化在欺骗行为对自尊影响中的调节作用（研究 1.4）

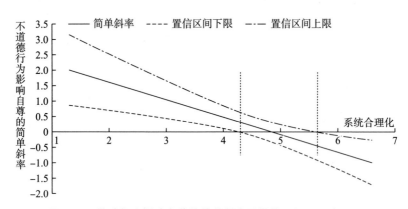

图 3 – 9　欺骗行为影响自尊的简单斜率及置信区间（研究 1.4）

六　总结与讨论

　　研究 1 考察了系统合理化动机在不道德行为对自尊的影响中的调节作用，回答了不道德行为提升或降低自尊水平的边界条件问题。研究 1 分别采用贿赂情境（研究 1.1）和真实欺骗行为（研究 1.2）测量不道德行为，采用不道德行为回忆范式（研究 1.3）和真实硬币抛掷范式（研究 1.4）操纵不道德行为，从相关关系（研究 1.1 和研究 1.2）和因果关系（研究 1.3 和研究 1.4）上验证了系统合理化动机在不道德行为影响自尊中的调节作用。具体而言，当系统合理化水平高时，不道德行为降低自尊水平；当系统合理化水平低时，不道德行为提升自尊水平。

本研究具有重要的理论意义。首先，上述结果从个体与社会互动的视角解释了以往研究发现的不道德行为对自尊的矛盾作用（Barkan et al.，2012；Ruedy et al.，2013）。当系统合理化动机水平高时，个体更倾向于从社会的视角解释行为并进行自我评价，由于不道德行为破坏了现存的道德规则系统，此时则会降低个体积极的自我评价，威胁自尊；当维护现存社会系统的动机水平低时，个体倾向于从个体利益的视角解释行为、评价自己，由于不道德行为获得了利于个人的额外收益，此时则会提升个体的自尊。其次，上述结果也意味着个体自我评价的内在标准依赖于其系统合理化动机水平的高低。

本研究的结果为腐败等不道德行为的治理、推进"不想腐"体制机制建设提供了社会心理学依据及突破口。就腐败而言，党的十九届四中全会强调"构建一体推进不敢腐、不能腐、不想腐体制机制"，"确保党和人民赋予的权力始终用来为人民谋幸福"。不敢腐，侧重于惩治和震慑，让意欲腐败者在带电的高压线面前不敢越雷池半步；不能腐，侧重于制约和监督，让胆敢腐败者在严密的制度和强有力的日常监督中无机可乘；不想腐，侧重于教育和引导，让人从思想源头上坚定道德信念，增强个人自觉。基于本章的研究结果，引导官员"不想腐"，可以从提高系统合理化动机水平的角度入手，以增加不道德行为带来的心理成本，让从事不道德行为的个体以自己的行为为耻、自尊受到严重威胁，进而形成对不道德行为自我监督、自我惩罚的机制，防止其继续做出更具破坏力的不道德行为。

总的来说，以上4个子研究共同证明，系统合理化动机决定了不道德行为对自尊不同方向的影响。本研究回答了不道德行为提升或降低自尊水平的边界问题，并揭示了系统合理化动机在其关系中的重要作用。那么，接下来的问题是，系统合理化动机这种区分性作用的核心机制是什么？为了明确上述调节效应为何发生，在下面的研究中，我们首先从解读自尊核心知觉基础的角度切入，探讨系统合理化动机在道德知觉和能力知觉共同影响自尊中的决定作用。

第四章

研究 2 道德和能力知觉对自尊的影响：系统合理化的调节作用

一 引言

研究 2 旨在从自尊核心知觉基础的角度切入，探讨不道德行为影响自尊的边界条件起作用的核心机制，即考察系统合理化动机对道德知觉和能力知觉影响自尊相对强度的调节作用，以验证假设 2（见图 4 - 1）。具体而言，当系统合理化动机水平高时，道德知觉在自尊中更重要，即道德知觉对自尊的预测作用比能力知觉更强；当系统合理化动机水平低时，能力知觉在自尊中更重要，即其对自尊的预测作用更强。本研究包括 4 个子研究。研究 2.1 采用相关设计，测量个体的道德知觉和能力知觉、自尊和系统合理化动机；研究 2.2 采用因果设计，采用社会态度书写法操纵系统合理化动机，用特征评价法操纵道德知觉、能力知觉，并测量自尊；研究 2.3 同样操纵系统合理化动机，并直接测量道德知觉和能力知觉在整体自我价值评价中的重要性，以用更直观的指标验证假设 2；研究 2.4 用虚拟现实技术更生动地操纵系统合理化动机，并控制初始自尊水平和个体自我构念水平，以排除状态自尊和个体关注自我、关注他人的价值倾向的影响。

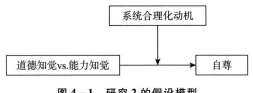

图 4 - 1　研究 2 的假设模型

二　研究 2.1：道德知觉和能力知觉的测量

（一）研究目的

为了探讨系统合理化动机对道德知觉和能力知觉在自尊中重要性的影响，研究 2.1 采用相关设计，对个体道德知觉和能力知觉、系统合理化动机及自尊进行测量。考虑到社会期望与自我评价之间的关联性（Maher，1978），本研究对社会赞许性进行了控制。本研究预测，当系统合理化动机水平高时，相比能力知觉，道德知觉更能预测自尊；当系统合理化动机水平低时，相比道德知觉，能力知觉则更能预测自尊。

（二）研究方法

1. 被试与统计检验力

根据前人界定的小到中等程度交互效应量 $f = 0.2$（Cohen，1992），用 G*Power 3.1（Faul et al.，2007）估计研究所需样本量。事前检验表明，在一类错误率为 5% 的情况下，本研究至少需要 199 名被试才可以获得 80% 的统计检验力。我们最终一次性招募了 208 名被试参加实验，其中男性 114 名，女性 94 名，平均年龄为 18.86 岁，标准差为 1.77。被试每人获得 5 元钱作为报酬。

2. 研究工具

道德知觉和能力知觉。本研究采用特征评价范式（Wojciszke, Bazin-ska, et al.，1998）测量被试对自我的道德知觉和能力知觉。被试被要求在每个道德、能力维度的特征词上对自己进行评价（Landy et al.，2016；Wojciszke, Bazinska, et al.，1998），即在 7 点量表上选择每个特征词与自我的符合程度（1＝完全不符合，7＝完全符合）。道德知觉特征词包括：诚实、善良、正直、有原则、不诚实和自私；能力知觉特征词包括：聪明、有创造力、逻辑性强、有才华、坚定和迟钝。12 个特征词随机呈现。道德知觉（$\alpha = 0.74$）、能力知觉（$\alpha = 0.84$）分别根据该维度积极特征与反向计分的消极特征的平均分数计算得出，得分越高表示个体对自我的道德知觉、能力知觉越高。

自尊。本研究采用 Rosenberg（1965）原版的 10 道题自尊量表测量被试的特质自尊水平。题目例如："总的来说，我对自己非常满意。"要求被试在 7 点量表上选择每个陈述与其自身情况的符合程度（1＝完全不符合，7＝完全符合）。自尊水平根据正向题目及反向后的反向计分题的平均分数计算得出（$\alpha = 0.80$），得分越高表示自尊水平越高。

系统合理化。本研究采用 Kay 和 Jost（2003）编制的量表测量个体系统合理化水平（$\alpha = 0.81$），量表同研究 1.1。

社会赞许性。本研究采用 12 道题版社会赞许性量表（Crowne & Marlowe，1960；Reynolds，1982）测量个体在填写问卷过程中的社会赞许性水平。题目例如："我对人总是谦恭有礼，即使是对我不喜欢的人也不例外。"要求被试在 7 点量表上选择每个陈述与其自身情况的符合程度（1＝完全不符合，7＝完全符合）。正向题目及反向后的反向计分题的平均分数作为社会赞许性指标（$\alpha = 0.67$），评分越高代表社会赞许性越强。

3. 研究程序

研究过程一共分为三步。第一，被试填写知情同意书。通过知情同意书，被试被告知实验大致目的和内容、程序和大概时长，以及被试的权利与义务和保密原则等。第二，正式实验部分。被试首先进行特征评价任务，然后依次填写自尊量表、系统合理化量表和社会赞许性量表，并填写人口学信息。第三，主试向被试说明真实研究目的，并发放相应报酬。

（三）结果与讨论

1. 共同方法偏差检验

由于全部来自自我报告量表的数据可能存在共同方法偏差的问题

（Podsakoff et al. , 2003），本研究采用 Harman 单因子法对共同方法偏差进行检验（Harman，1976）。我们用探索性因子分析的方法提取公因子，结果表明，第一个公因子解释的变异量为 24. 72%，未达到临界值 40%，说明本研究数据不存在严重的共同方法偏差问题。

2. 描述统计

各变量的均值、标准差及变量间的相关矩阵如表 4 - 1 所示。

表 4 - 1 各变量的均值、标准差及变量间的相关矩阵（研究 2. 1）

变量	均值	标准差	1	2	3	4	5	6
1. 能力知觉	5.20	1.01						
2. 道德知觉	6.02	0.74	0.54 **					
3. 自尊	5.01	0.83	0.58 **	0.55 **				
4. 系统合理化	5.32	1.00	0.33 **	0.34 **	0.48 **			
5. 社会赞许性	4.62	0.71	0.46 **	0.45 **	0.49 **	0.40 **		
6. 性别	—	—	- 0.29 **	- 0.04	0.05	0.04	- 0.10	
7. 年龄	18.86	1.77	- 0.12	- 0.01	0.03	- 0.03	- 0.22 **	0.14 *

注：$^+ p < 0.10$，$^* p < 0.05$，$^{**} p < 0.01$，$^{***} p < 0.001$；下同。

3. 调节效应

为系统考察系统合理化动机如何影响道德知觉和能力知觉在自尊中的重要性，本研究共进行三项分析。第一，我们以所有被试为样本进行回归分析，以分别揭示道德知觉和能力知觉预测自尊的强度随系统合理化动机变化的趋势。第二，我们在不同系统合理化组中进行回归分析，以比较不同的系统合理化水平下道德知觉和能力知觉对自尊的相对预测强度。第三，我们在不同系统合理化组中进行优势分析，以方差解释率为指标直接揭示道德知觉和能力知觉在预测自尊中的相对强度，以比较二者的相对重要性。

系统合理化动机在道德知觉、能力知觉分别预测自尊过程中的影响。本研究首先将连续型预测变量中心化，然后用 SPSS 的 PROCESS 程序模型 2 进行回归分析，并进行简单斜率检验。在控制了社会赞许性后，以道德知觉、能力知觉、系统合理化、系统合理化与道德知觉的交互项以及系统合理化与能力知觉的交互项为预测变量，共同预测自尊。结果发现（见表 4 - 2），道德知觉（β = 0.29，t = 4.56，p < 0.001，R_p^2 = 0.09，90% CI［0.04，0.16］）、能力知觉（β = 0.27，t = 4.33，p < 0.001，R_p^2 = 0.09，90% CI［0.03，0.15］）与系统合理化（β = 0.25，t = 4.50，p < 0.001，R_p^2 = 0.09，90% CI［0.04，0.16］）均正向预测自尊。更重要的是，系统合理化分别在道德知觉与自尊的关系和能力知觉与自尊的关系中起调节作用，且作用方向相反。

表 4 - 2　对自尊的回归分析结果（研究 2.1）

变量	B［95% CI］	SE	β	t	p
社会赞许性	0.16［0.03，0.30］	0.07	0.14	2.38	0.02
道德知觉	0.32［0.18，0.46］	0.07	0.29	4.56	< 0.001
能力知觉	0.22［0.12，0.32］	0.05	0.27	4.33	< 0.001
系统合理化	0.21［0.12，0.30］	0.05	0.25	4.50	< 0.001
道德知觉×系统合理化	0.18［0.06，0.31］	0.06	0.16	2.85	0.005
能力知觉×系统合理化	− 0.12［− 0.21，− 0.04］	0.04	− 0.16	− 2.80	0.006

具体而言，系统合理化调节道德知觉对自尊的预测作用，B = 0.18，95% CI［0.06，0.31］，SE = 0.06，β = 0.16，t = 2.85，p = 0.005，R_p^2 = 0.04，90% CI［0.01，0.09］。通过简单斜率检验发现（见图 4 - 2），当系统合理化水平高时，道德知觉能够正向预测自尊（$simple\ slope$ = 0.50，95% CI［0.29，0.71］，SE = 0.11，t = 4.76，p < 0.001）；当系统合理化水平低时，道德知觉无法预测自尊（$simple\ slope$ = 0.14，95% CI［− 0.02，0.30］，SE = 0.08，t = 1.68，p = 0.09）。也就是说，随着系统合理化动机水平的升高，道德知觉对自尊的正向预测作用逐渐增强。

同样地，系统合理化调节能力知觉对自尊的预测作用，B = − 0.12，95% CI［− 0.21，− 0.04］，SE = 0.04，β = − 0.16，t = − 2.80，p = 0.006，R_p^2 = 0.04，90% CI［0.01，0.09］。通过简单斜率检验发现（见图 4 - 3），当系统合理化水平低时，能力知觉能够正向预测自尊（$simple\ slope$ = 0.34，95% CI［0.22，0.47］，SE = 0.06，t = 5.40，

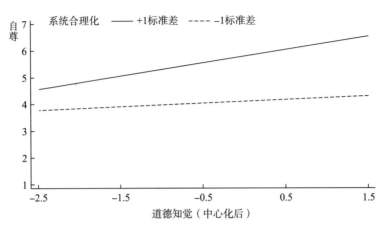

图 4 - 2 系统合理化调节道德知觉与自尊的关系

$p < 0.001$）；当系统合理化水平高时，能力知觉无法预测自尊（*simple slope* $= 0.10$，95% CI $[-0.04, 0.24]$，$SE = 0.07$，$t = 1.41$，$p = 0.16$）。也就是说，随着系统合理化动机水平的升高，能力知觉对自尊的预测作用逐渐减弱。综上，对于道德知觉和能力知觉而言，随着系统合理化动机水平的升高，道德知觉对自尊的预测作用增强（在自尊中的重要性增加），能力知觉对自尊的正向预测作用减弱（在自尊中的重要性降低）。

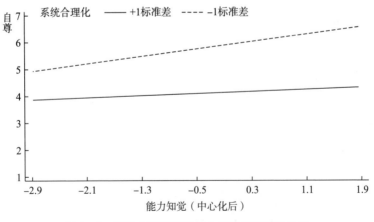

图 4 - 3 系统合理化调节能力知觉与自尊的关系

系统合理化动机对道德知觉、能力知觉预测自尊的相对强度的影响。本研究进一步分析道德知觉和能力知觉同时预测自尊时的相对重要性及系统合理化动机在其中的调节作用。根据 Wojciszke 和 Abele（2008）的分析方法可知，如表4-3所示，在全部样本里，控制了社会赞许性得分后，道德知觉（$\beta = 0.28$）和能力知觉（$\beta = 0.33$）均能显著预测自尊，$t(205) = 0.46$，SE of difference[①] $= 0.11$，$p = 0.65$（Wheeler，2016）。但区分了系统合理化水平（中数区分法，Borghuis et al.，2017；Reitz et al.，2016）后发现，在高系统合理化条件下，道德知觉（$\beta = 0.48$）比能力知觉（$\beta = 0.17$）对自尊的预测作用显著更强，$t(103) = 2.07$，SE of difference $= 0.15$，$p = 0.04$；而在低系统合理化条件下，能力知觉（$\beta = 0.39$）比道德知觉（$\beta = 0.12$）对自尊的预测作用更强（边缘显著），$t(99) = 1.93$，SE of difference $= 0.14$，$p = 0.06$。该结果验证了假设2。

表4-3 不同系统合理化动机条件下道德知觉和能力知觉
对自尊的预测作用（研究2.1）

变量	B [95% CI]	SE	β	t	p
全部样本（$df = 3$，204）					
道德知觉	0.31 [0.17, 0.45]	0.07	0.28 ***	4.29	< 0.001
能力知觉	0.27 [0.17, 0.38]	0.05	0.33 ***	5.12	< 0.001
高系统合理化（$df = 3$，102）					
道德知觉	0.54 [0.34, 0.74]	0.10	0.48 ***	5.33	< 0.001
能力知觉	0.13 [-0.02, 0.28]	0.08	0.17	1.76	0.08
低系统合理化（$df = 3$，98）					
道德知觉	0.13 [-0.07, 0.32]	0.10	0.12	1.31	0.19
能力知觉	0.31 [0.17, 0.46]	0.07	0.39 ***	4.24	< 0.001

为了更直观地分析道德知觉和能力知觉在自尊中的相对重要性，我们分别对全部样本和不同系统合理化水平的样本进行了优势分析。图4-4中的条形图总高度表示道德知觉和能力知觉在对自尊的预测作用中能够解释的总变异。百分比是指道德知觉或能力知觉在二者可解释的总变异中各

---

① SE of difference 是指道德知觉和能力知觉在预测自尊的同一个回归方程中，二者回归系数差异的标准误。

自所占的比例。从优势分析图更直观地看出，在不区分系统合理化水平时，道德知觉和能力知觉大致均等地预测自尊；当区分了系统合理化水平后，在低系统合理化条件下，能力知觉对自尊的解释率占两种知觉总解释率的 79.89%，明显优于道德知觉 20.11% 的解释率；在高系统合理化条件下，道德知觉预测自尊的解释率占两种知觉总解释率的 74.19%，明显优于能力知觉 25.81% 的解释率。该结果进一步支持了假设 2。另外，经检验，即便在不控制社会赞许性的条件下，本研究的所有差异性检验结果依然成立。

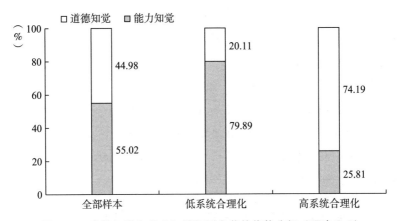

图 4 - 4　道德知觉和能力知觉预测自尊的优势分析（研究 2.1）

本研究揭示了随着系统合理化动机水平的升高，道德知觉对自尊的预测作用逐渐增强、重要性增加，能力知觉对自尊的预测作用逐渐减弱、重要性降低。另外，本研究从相关关系上证实了假设 2，即系统合理化动机调节道德知觉和能力知觉在预测自尊中的相对强度：当系统合理化动机水平高时，道德知觉对自尊的预测作用更强；当系统合理化动机水平低时，能力知觉对自尊的预测作用则更强。此外，本研究在全部样本中得到了道德知觉和能力知觉同等重要的结果，与少量前人结果相同（Crocker & Wolfe，2001），但与大部分研究结果不同（Abele & Wojciszke，2007；Brambilla et al.，2013；Leach et al.，2007；Wojciszke et al.，2011）。然而，随着系统合理化动机水平的变化，道德知觉和能力知觉对自尊的重要性则被区分开了，验证了我们的假设。这充分说明了前人结果的不稳定性，并凸显了区分系统合理化动机水平研究该问题的必要性。

三 研究2.2：道德知觉和能力知觉的操纵

（一）研究目的

本研究主要从三方面对研究2.1进行拓展。第一，研究2.1虽从相关关系上验证了假设2，但未能从因果关系上证明该假设。因此，本研究操纵道德知觉和能力知觉，以探讨其对自尊的因果作用如何受系统合理化影响。第二，研究2.1中最后测量系统合理化动机，可能会受到前面自我评价的影响，进而对结果造成干扰。同时，为了避免将连续变量划分为高、低组别带来统计检验力的损失，研究2.2操纵系统合理化动机。第三，为了尽可能避免自利偏差和社会赞许性的影响，本研究采用了替代性的自我评价范式，而不是让被试对真实的自己进行评价。预期结果可以验证假设2，即系统合理化动机对道德知觉、能力知觉影响自尊的相对强度起调节作用。本研究的假设、测量及数据处理计划在实验前进行了预注册（http://aspredicted.org/blind.php?x=bs8up6）。

（二）预研究：选择操纵道德知觉、能力知觉的典型特征词

为选取典型的特征词以有效操纵道德知觉和能力知觉的水平，我们在正式实验前进行了两项预实验。首先，为了选取适合中国文化背景的积极、消极特征词，在预实验1中，28个中国被试通过自由联想的方式，针对4个类别（能力积极、能力消极、道德积极和道德消极）分别写5个特征词。然后，根据词频排序并参照Wojciszke、Bazinska等（1998）的词表，我们在每个类别上选择10个（共40个）特征词，在预实验2中让21名中国被试对每个词在道德相关性、能力相关性和对该词的喜好程度三个维度上进行1~7点评分（Wojciszke, Bazinska, et al., 1998）。最终根据被试评分高低，选择各类别中最具代表性的特征词，供后续研究选用。

根据两个预实验的结果，选出最典型的四类特征词。高道德知觉特征词包括：忠诚、诚实、正直、无私、高尚和善良。其道德相关程度、能力相关程度及效价分别为：$M_{道德} = 6.53$，$SD = 0.12$；$M_{能力} = 3.67$，$SD =$

0.27；$M_{喜爱程度} = 5.17$，$SD = 0.45$。低道德知觉特征词包括：不诚实、虚伪、自私、奸诈、贪婪和不公正。其道德相关程度、能力相关程度及效价分别为：$M_{道德} = 6.38$，$SD = 0.20$；$M_{能力} = 2.93$，$SD = 0.48$；$M_{喜爱程度} = -4.62$，$SD = 0.41$。高能力知觉特征词包括：有才华、高效、有创造力、能干、聪明和逻辑性强。其道德相关程度、能力相关程度及效价分别为：$M_{道德} = 2.31$，$SD = 0.16$；$M_{能力} = 6.67$，$SD = 0.15$；$M_{喜爱程度} = 5.23$，$SD = 0.35$。低能力知觉特征词包括：无能、低效、迟钝、无条理、优柔寡断和笨拙。其道德相关程度、能力相关程度及效价分别为：$M_{道德} = 2.27$，$SD = 0.30$；$M_{能力} = 6.23$，$SD = 0.45$；$M_{喜爱程度} = -4.51$，$SD = 0.39$。

（三）研究方法

1. 被试与统计检验力

根据研究 2.1 交互作用中较小的效应量（$R_p^2 = 0.04$）对所需被试量进行事前估计，结果表明，本研究需 191 名被试才可以获得 80% 的统计检验力。我们一次性招募了 251 名被试，其中男性 67 名，女性 184 名，平均年龄为 23.47 岁，标准差为 6.60。被试被随机分配到 2（系统合理化：高，低）×2（道德知觉：高，低）×2（能力知觉：高，低）八种条件中的一种，各组人数不存在显著差异（$\chi^2 = 0.83$，$p = 0.99$）。被试每人获得 5 元钱作为报酬。

2. 研究工具

系统合理化的操纵。本研究采用自由书写范式操纵系统合理化动机（Li et al.，2020）。高（低）系统合理化组被试被要求思考政治、经济和文化等方面的现状，写出 2~3 条对整个国家比较有利（不利）并建议（不建议）其他社会系统进行效仿的方面，在每条后简单解释选择它的原因。被试被引导可以在政治体制、立法执法、行政体系、教育医疗、文化传统和社会规范等方面进行思考。然后，被试填写与研究 1.1 相同的系统合理化量表作为操纵检查的指标（$\alpha = 0.85$）。

道德知觉和能力知觉的操纵。本研究改编 Goodwin 等（2014）的想象性评价范式，让被试假设自己是个体 A，随机拥有 2（道德知觉：高，低）×2（能力知觉：高，低）四种组合其中一组的特质（如低道德、高能力，以特征词的形式出现），以操纵个体不同知觉的不同水平。不同知觉水平通过预实验选取的特征词来呈现，这些词语仅在道德知觉和能力知觉的相关性及效价上有系统的差异。当能力知觉和道德知觉效价一致（如高道德、高能力；低道德、低能力）时，两知觉维度的特征词之间用"和"连接；当能力知觉和道德知觉效价不一致（如高道德、低能力；低道德、高能力）时，两知觉维度的特征词之间用"但"连接。例如，当个体被分配到"高道德、低能力"组时，被试将假设自己拥有以下特征"忠诚、诚实、正直、无私、高尚、善良；但无能、低效、迟钝、无条理、优柔寡断、笨拙"。两维度呈现的先后顺序用随机法进行平衡。最后让个体在道德知觉和能力知觉上对想象的自己进行评价作为操纵检查。

自尊。本研究采用改编自 Rosenberg（1965）的自尊量表测量被试的状态自尊水平（$\alpha = 0.89$），测量方式同研究 1.1。

3. 研究程序

研究过程一共分为三步。第一，填写知情同意书。第二，正式实验部分，共包含三个任务。第一个任务是书写对社会问题的看法，然后完成系统合理化量表。第二个任务是想象性评价，要求被试设想假如拥有以下特征，则如何进行自我评价。第三个任务是填写人口统计学信息。第三，正式实验三个任务结束时，主试向被试说明真实研究目的，并发放相应报酬。

（四）结果与讨论

1. 操纵检查

首先，本研究采用方差分析法对各自变量进行操纵检查。对系统合理化、道德知觉、能力知觉分数分别进行 2（系统合理化：高，低）×2（道德知觉：高，低）×2（能力知觉：高，低）的方差分析。结果表明，系统合理化操纵有效，$F(1, 243) = 13.02$，$p < 0.001$，$\eta_p^2 = 0.05$，90% CI = [0.02, 0.10]；$M_高 = 5.28$，$SD = 1.00$；$M_低 = 4.82$，$SD = 1.00$。道德知觉操纵有效，$F(1, 243) = 392.66$，$p < 0.001$，$\eta_p^2 = 0.62$，90% CI = [0.56, 0.66]；$M_高 = 6.24$，$SD = 1.13$；$M_低 = 2.53$，$SD = 1.78$。能力知觉操纵有效，$F(1, 243) = 475.24$，$p < 0.001$，$\eta_p^2 =$

0.66，90% CI $= \begin{bmatrix} 0.61, & 0.70 \end{bmatrix}$；$M_{高} = 6.27$，$SD = 0.98$；$M_{低} = 2.90$，$SD = 1.44$。各操纵变量之间互不影响（二阶、三阶交互作用均不显著，$ps > 0.09$）。

2. 描述统计

各条件下的自尊得分、各变量描述统计及相关矩阵分别如表 4-4、表 4-5 所示。

表 4-4　不同条件下自尊水平的均值（标准差）

条件	能力：高		能力：低	
	道德：高	道德：低	道德：高	道德：低
高系统合理化	5.68（0.57）	4.16（0.97）	4.88（0.81）	3.69（1.13）
低系统合理化	5.60（0.70）	5.06（0.77）	3.89（0.87）	3.97（1.10）

表 4-5　各变量的均值、标准差及变量间的相关矩阵（研究 2.2）

变量	均值	标准差	1	2	3	4	5
1 系统合理化	—	—					
2 能力知觉	—	—	-0.01				
3 道德知觉	—	—	-0.004	0.02			
4 自尊	4.67	1.15	-0.01	0.45 ***	0.36 *		
5 性别	—	—	-0.10	-0.03	-0.11 +	-0.05	
6 年龄	23.47	6.60	-0.02	0.10	-0.11 +	-0.01	-0.09

注：系统合理化：1 = 高，-1 = 低；能力知觉：1 = 高，-1 = 低；道德知觉：1 = 高，-1 = 低；性别：1 = 男性，2 = 女性（下同）。

3. 调节效应

与研究 2.1 类似，本研究以预测强度为重要性的指标进行了三项分析，考察系统合理化动机对道德知觉和能力知觉在自尊中重要性的影响。第一，本研究以所有被试为样本进行方差分析及简单效应检验，分别揭示道德知觉和能力知觉对自尊的预测作用随系统合理化动机的变化趋势。第二，本研究在不同系统合理化组中分别进行回归分析，以比较不同的系统合理化水平下道德知觉和能力知觉在自尊中的相对重要性。第三，本研究在不同系统合理化组中分别进行优势分析，以方差解释率为指标直观揭示道德知觉和能力知觉在影响自尊中的相对重要性。

系统合理化动机分别调节道德知觉、能力知觉对自尊的预测作用。本研究对自尊进行 2（系统合理化：高，低）×2（道德知觉：高，低）×2（能力知觉：高，低）的方差分析。结果表明，道德知觉的主效应显著，F（1，243）=50.80，$p < 0.001$，$\eta_p^2 = 0.17$，90% CI [0.11，0.24]；能力知觉的主效应显著，F（1，243）=83.95，$p < 0.001$，$\eta_p^2 = 0.26$，90% CI [0.18，0.33]；系统合理化的主效应不显著，F（1，243）=0.05，$p = 0.82$，$\eta_p^2 = 0.0002$，90% CI [0.00，0.01]。两知觉维度的二阶交互作用显著，F（1，243）=4.56，$p = 0.03$，$\eta_p^2 = 0.02$，90% CI [0.001，0.06]；三阶交互作用不显著，F（1，243）=0.45，$p = 0.50$，$\eta_p^2 = 0.002$，90% CI [0.00，0.02]。最重要的是，系统合理化分别与两知觉维度的二阶交互作用显著。

具体而言，道德知觉与系统合理化的交互作用显著，F（1，243）=25.73，$p < 0.001$，$\eta_p^2 = 0.10$，90% CI [0.04，0.16]。通过简单效应检验发现（见图4-5），当系统合理化水平高时，高道德知觉个体的自尊（$M = 5.28$，$SD = 0.81$）显著高于低道德知觉个体的自尊（$M = 3.93$，$SD = 1.07$），F（1，243）=74.24，$p < 0.001$，$\eta_p^2 = 0.23$，90% CI [0.16，0.31]；当系统合理化水平低时，高道德知觉个体的自尊（$M = 4.74$，$SD = 1.16$）与低道德知觉个体的自尊（$M = 4.52$，$SD = 1.10$）并无显著差异，F（1，243）=2.12，$p = 0.15$，$\eta_p^2 = 0.01$，90% CI [0.00，0.04]。也就是说，系统合理化水平高时道德知觉能够提升自尊水平，系统合理化水平低时则没有影响，即道德知觉对自尊的预测作用在高系统合理化条件下比低系统合理化条件下更强。

同时，能力知觉与系统合理化的交互作用显著，F（1，243）=11.67，$p = 0.001$，$\eta_p^2 = 0.05$，90% CI [0.01，0.10]。通过简单效应检验发现（见图4-6），当系统合理化水平低时，高能力知觉个体的自尊（$M = 5.33$，$SD = 0.78$）显著高于低能力知觉个体的自尊（$M = 3.93$，$SD = 0.99$），F（1，243）=79.32，$p < 0.001$，$\eta_p^2 = 0.25$，90% CI [0.17，0.32]；当系统合理化水平高时，高能力知觉个体的自尊（$M = 4.92$，$SD = 1.10$）也高于低能力知觉个体的自尊（$M = 4.28$，$SD = 1.14$），F（1，243）=16.47，$p <$

0.001，$\eta_p^2 = 0.06$，90% CI $[0.02，0.12]$，但效应量小于低系统合理化条件下的效应量。也就是说，能力知觉对自尊的预测作用在低系统合理化条件下比高系统合理化条件下更强。

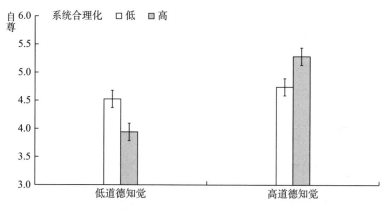

图 4 - 5　系统合理化调节道德知觉对自尊的预测作用

说明：误差条代表均值的标准误，下同。

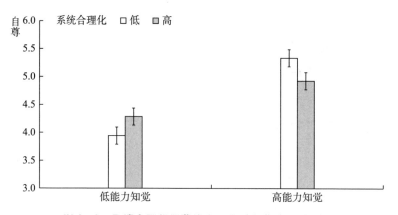

图 4 - 6　系统合理化调节能力知觉对自尊的预测作用

系统合理化动机调节道德知觉和能力知觉预测自尊的相对强度。 本研究在不同系统合理化条件下，用道德知觉和能力知觉同时预测自尊。结果发现（见表 4 -6），在高系统合理化条件下，道德知觉（$\beta = 0.59$）比能力知觉（$\beta = 0.28$）对自尊有更强的预测力，$t(122) = 3.10$，SE of difference $= 0.10$，$p = 0.002$；而在低系统合理化条件下，能力知觉（$\beta = 0.63$）比道德知觉（$\beta = 0.10$）对自尊有更强的预测力，$t(123) = 4.82$，SE of difference $= 0.11$，$p < 0.001$。由于系统合理化水平被操纵，合并分析无

意义，因此不再对整体样本进行分析。该结果从因果效应上证明了假设2。

表4-6　不同系统合理化动机条件下道德知觉和能力知觉
对自尊的预测作用（研究2.2）

变量	B [95% CI]	SE	β	t	p
高系统合理化（$df = 2$, 122）					
道德知觉	0.68 [0.52, 0.84]	0.08	0.59***	8.52	<0.001
能力知觉	0.28 [0.17, 0.48]	0.08	0.28***	4.06	<0.001
低系统合理化（$df = 2$, 123）					
道德知觉	0.12 [-0.04, 0.27]	0.08	0.10	1.48	0.14
能力知觉	0.71 [0.55, 0.86]	0.08	0.63***	8.99	<0.001

从图4-7所示的优势分析图可以更直观地看出，在低系统合理化条件下，能力知觉对自尊的解释率占两种知觉总解释率的96.68%，明显高于道德知觉3.32%的解释率；在高系统合理化条件下，道德知觉对自尊的解释率占两种知觉总解释率的81.69%，明显优于能力知觉18.31%的解释率。该结果再次验证了假设2，即系统合理化动机调节道德知觉和能力知觉影响自尊的相对强度：当系统合理化动机水平高时，道德知觉对自尊的预测作用更强；当系统合理化动机水平低时，能力知觉对自尊的预测作用更强。

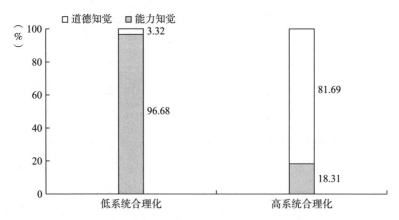

图4-7　道德知觉和能力知觉预测自尊的优势分析（研究2.2）

本研究从因果关系上揭示了系统合理化动机对道德知觉和能力知觉同时影响自尊时其相对强度的决定作用。当系统合理化水平高时，道德知觉比能力知觉对自尊的影响更强；当系统合理化水平低时，能力知觉比道德知觉对自尊的影响更强。

四 研究2.3：道德知觉和能力知觉重要性的直接测量

（一）研究目的

为了更直接地测量道德知觉和能力知觉在自尊中的重要性，在研究2.3中，我们将以被试直接评价两种知觉在自尊中的重要性的方式，代替预测强度作为重要性的指标。本研究预测，当系统合理化水平高时，道德知觉在自尊中的重要性大于能力知觉；当系统合理化水平低时，能力知觉则在自尊中更重要。

（二）研究方法

1. 被试与统计检验力

根据前人界定的小到中等程度效应量 $f = 0.2$（Cohen，1992）估计研究所需样本量，混合设计方差分析的事前检验表明，至少需要72名被试才可以获得80%的统计检验力（假设重复测量的变量间存在中等程度的相关 $r = 0.3$）。由于这个结果可能过于乐观（McShane & Böckenholt，2014），因此，我们一次性招募了183名被试，其中男性93名，女性90名，平均年龄为22.57岁，标准差为4.49。被试被随机分配到系统合理化的高水平组（$n = 86$）或低水平组（$n = 97$）。

2. 研究工具

系统合理化的操纵。本研究采用与研究2.2相同的自由书写范式操纵系统合理化（Li et al.，2020）。然后，被试填写与研究1.1相同的系统合理化量表作为操纵检查的指标（$\alpha = 0.83$）。

道德知觉和能力知觉的重要性评价。本研究采用重要性评价任务（Abele & Wojciszke，2007），要求被试分别评价16个与道德知觉和能力知觉有关的特质词（Wojciszke，Bazinska，et al.，1998）在自我价值总体评价中的重要性程度（1 = 一点都不重要，7 = 非常重要）。道德知觉相关词包括：公平、慷慨、诚实、正直、真诚、善良、利他、无私（$\alpha = $

0.87）；能力知觉相关词包括：聪明、能干、有创造力、高效、有远见、机灵、精力充沛、有天赋（α=0.89）。道德知觉、能力知觉的重要性分别根据该维度特征词的平均分数计算得出，得分越高表示个体的道德知觉、能力知觉在自尊中的重要性程度越高。

3. 研究程序

本研究程序一共分为三步。第一，被试填写知情同意书。第二，被试参与正式实验，共包含两个任务。第一个任务是表达对社会问题的看法，然后完成系统合理化量表；第二个任务是直接评价道德知觉和能力知觉在自尊中的重要性程度。第三，主试向被试说明真实研究目的，并发放报酬。

（三）结果与讨论

1. 操纵检查

系统合理化的操纵检查表明，高系统合理化组（$M=5.53$，$SD=0.93$）比低系统合理化组（$M=5.01$，$SD=1.10$）的被试在系统合理化量表上得分更高，$t(181)=3.44$，$p=0.001$，$Cohen's\ d=0.51$，95% CI=[0.22, 0.81]，说明操纵有效。

2. 描述统计

各变量描述统计及变量间相关矩阵如表4-7所示。

表4-7 各变量的均值、标准差及变量间的相关矩阵（研究2.3）

变量	均值	标准差	1	2	3	4
1 系统合理化	—	—				
2 道德知觉重要性	5.29	1.07	0.11			
3 能力知觉重要性	5.32	1.02	-0.10	0.76***		
4 性别	—	—	0.02	0.09	0.06	
5 年龄	22.57	4.49	0.09	0.06	-0.05	0.01

3. 调节效应

系统合理化动机分别对道德知觉和能力知觉在自尊中重要性的影响。

由于道德知觉重要性和能力知觉重要性之间相关很强（$r = 0.76$），因此在分析系统合理化动机对某一维度重要性的影响时，需控制另一维度的重要性评价。结果表明，在控制了能力知觉重要性后，系统合理化动机能够提升道德知觉在自尊中的重要性评价，$B = 0.20$，95% CI [0.10，0.30]，$SE = 0.05$，$\beta = 0.19$，$t = 4.09$，$p < 0.001$，$R_p^2 = 0.09$，90% CI [0.03，0.15]。相反，在控制了道德知觉重要性后，系统合理化动机则会降低能力知觉在自尊中的重要性评价，$B = -0.19$，95% CI [-0.28，-0.10]，$SE = 0.05$，$\beta = -0.19$，$t = -4.06$，$p < 0.001$，$R_p^2 = 0.08$，90% CI [0.03，0.15]。也就是说，道德知觉在高系统合理化条件下比低系统合理化条件下对自尊更重要，而能力知觉则在低系统合理化条件下比高系统合理化条件下对自尊更重要。

系统合理化动机对道德知觉和能力知觉在自尊中相对重要性的影响。本研究对重要性评价进行 2（知觉维度：道德，能力）×2（系统合理化：高，低）混合方差分析，其中知觉维度为被试内因素，系统合理化为被试间因素。不同系统合理化水平条件下道德知觉和能力知觉在自尊中的重要性程度如表 4-8 所示。结果表明，知觉维度和系统合理化的主效应均不显著（$ps > 0.11$），但系统合理化对知觉维度重要性的调节效应显著，$F(1, 181) = 18.83$，$p < 0.001$，$\eta_p^2 = 0.09$，90% CI [0.04，0.17]。具体来说，当系统合理化水平高时，道德知觉在自尊中的重要性（$M = 5.41$，$SD = 1.03$）大于能力知觉（$M = 5.21$，$SD = 1.07$），$F(1, 181) = 7.37$，$p = 0.007$，$\eta_p^2 = 0.04$，90% CI [0.01，0.09]；当系统合理化水平低时，能力知觉在自尊中的重要性（$M = 5.42$，$SD = 0.96$）大于道德知觉（$M = 5.18$，$SD = 1.01$），$F(1, 181) = 11.88$，$p < 0.001$，$\eta_p^2 = 0.06$，90% CI [0.02，0.13]，结果如图 4-8 所示。该结果再次验证了假设 2。

表 4-8 不同系统合理化水平条件下道德知觉和能力知觉在自尊中的重要性评价（研究 2.3）

条件	道德知觉	能力知觉
高系统合理化	5.41（1.03）	5.21（1.07）
低系统合理化	5.18（1.01）	5.42（0.96）

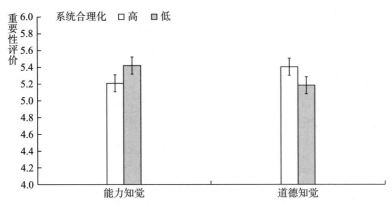

图 4-8　系统合理化动机对道德知觉和能力知觉在自尊中相对重要性的调节作用（研究 2.3）

五　研究 2.4：排除初始自尊水平和自我构念的影响

（一）研究目的

研究 2.4 在研究 2.3 的基础上进行了三方面的拓展。第一，为了更真实、逼真地操纵系统合理化动机，本研究采用虚拟现实技术呈现系统威胁性或中性刺激。第二，为了排除关注自我和关注他人的个人社会价值倾向（Oetzel，1998）可能对结果造成的影响（Tafarodi & Swann，1995；Wojciszke & Bialobrzeska，2014），本研究测量并控制了个体自我构念水平。这是因为已有研究表明，具有独立我的个体更加关注指向自己的结果，而具有互赖我的个体则更多地关注他人的福利（Probst et al.，1999；Utz，2004）。第三，为了控制初始自尊水平的差异对道德知觉和能力知觉在自尊中重要性的影响，本研究测量并控制了个体初始自尊水平。本研究预测，即使在控制了自我构念和初始自尊水平后，系统合理化动机依然能够调节道德知觉和能力知觉在自尊中的相对重要性：当系统合理化水平较高时，道德知觉在自尊中的重要性大于能力知觉；当系统合理化水平较低时，能力知觉在自尊中的重要性大于道德知觉。

（二）研究方法

1. 被试与统计检验力

根据研究 2.3 所得交互效应的效应量 $\eta_p^2 = 0.09$，估计混合设计方差分析所需的样本量。事前检验表明，至少需要 30 名被试可以获得 80% 的统计检验力（假设重复测量的变量间存在中等程度的相关 $r = 0.3$，一类错误率控制在 $\alpha = 0.05$）。为了防止该结果过于乐观（McShane & Böckenholt，2014），我们尽可能多地招募被试。我们最终一次性招募了 156 名被试，其中男性 96 名，女性 60 名，平均年龄为 22.94 岁，标准差为 4.21。被试被随机分配到系统威胁组（$n = 78$）或控制组（$n = 78$）。

2. 研究工具

初始自尊水平。本研究采用一道题目直接测量被试的初始自尊水平（Robins et al.，2001），要求被试在"我的人生很有价值"上评价其赞同程度（1 = 非常不赞同，7 = 非常赞同），分数越高代表个体初始自尊水平越高。

系统合理化的操纵。本研究采用改编的系统威胁范式操纵系统合理化（Ullrich & Cohrs，2007），操纵的刺激由虚拟现实程序呈现。虚拟现实的优势是提供沉浸感，让个体较为真实地体会威胁事件对所在系统的影响。系统威胁组的个体体验在海上航行并遭遇袭击的场景，以激发更强烈的维护系统的动机；而控制组个体体验相同的海上航行场景，但没有遭遇袭击。两个海上航行场景除了在是否遭遇袭击上不同之外，所示的海面、天气等情况均相同。个体在虚拟现实场景中体验 60 秒，系统威胁组的个体在 24 秒后开始体验被袭击过程，程度由弱到强，持续 36 秒；控制组个体则一直体验在风平浪静的环境中进行海上航行。虚拟场景体验结束后，电脑程序提示个体休息 15 秒。休息时间结束后，被试填写与研究 1.1 相同的系统合理化量表作为操纵检查的指标（$\alpha = 0.87$）。

道德知觉和能力知觉的重要性评价。本研究采用重要性评价任务（Abele & Wojciszke，2007），要求被试分别评价与道德知觉和能力知觉有关的特质词在自我价值总体评价中的重要性程度，实验范式同研究

2.3。道德知觉相关词包括：诚实，无私，忠诚（$\alpha = 0.76$）；能力知觉相关词包括：有能力，高效，有条理（$\alpha = 0.86$）。道德知觉、能力知觉的重要性分别根据该维度平均分数计算得出，得分越高表示个体的道德知觉、能力知觉在自尊中的重要性程度越高。

自我构念。本研究采用自我构念量表（Singelis，1994）测量个体独立我和互赖我的自我构念水平。独立我的测量题目例如："对我来说，拥有独立于其他人的身份非常重要。"互赖我的测量题目例如："和集体保持融洽的关系，对我来说很重要。"被试在 7 点量表上选择每个陈述与其自身情况的符合程度（1 = 完全不符合，7 = 完全符合）。独立我量表和互赖我量表分别由 12 道题目构成，其平均得分分别作为个体独立我（$\alpha = 0.71$）和互赖我（$\alpha = 0.86$）的指标，评分越高分别代表自我导向和他人导向的价值倾向越强。

3. 研究程序

本研究程序一共分为三步。第一，被试填写知情同意书。第二，被试参与正式实验，共包含四个任务。首先，被试填写初始自尊量表；其次，被试体验虚拟现实场景，并完成系统合理化量表；再次，被试评价道德知觉和能力知觉相关的特征在自尊中的重要性程度；最后，被试完成自我构念量表及填写人口统计学信息。第三，正式实验结束后，主试向被试说明真实研究目的，并发放报酬。

（三）结果与讨论

1. 操纵检查

对系统合理化的操纵检查表明，系统威胁组个体（$M = 6.46$，$SD = 0.65$）比控制组个体（$M = 5.00$，$SD = 0.86$）表现出了更加强烈的系统合理化动机，$t(154) = 11.83$，$p < 0.001$，$Cohen's\ d = 1.91$，95% CI [1.54，2.29]，系统合理化操纵有效。

2. 调节效应

为了验证道德知觉和能力知觉在自尊中的相对重要性受系统合理化的调节，本研究对重要性评价进行 2（知觉维度：道德，能力）×2（系统合理化：较高，较低）混合方差分析。其中知觉维度为被试内因素，系统合理化为被试间因素，并对初始自尊水平、自我构念进行控制。不同系统合理化条件下道德知觉和能力知觉在自尊中的重要性程度如表4－9所示。方差分析表明，知觉维度和系统合理化的主效应均不显著（$Fs < 1.10$），但二者交互效应显著，$F (1, 151) = 8.27$，$p = 0.005$，$\eta_p^2 = 0.05$，90% CI [0.01, 0.12]。具体来说，当系统合理化水平较高时，道德知觉在自尊中的重要性大于能力知觉，$F (1, 151) = 3.95$，$p = 0.049$，$\eta_p^2 = 0.03$，90% CI [0.0001, 0.08]；当系统合理化水平较低时，能力知觉在自尊中的重要性大于道德知觉，$F (1, 151) = 6.29$，$p = 0.01$，$\eta_p^2 = 0.04$，90% CI [0.005, 0.10]，结果如图4－9所示。该结果再次直观地验证了假设2。

表4－9　不同系统合理化水平下道德知觉和能力知觉在自尊
中的重要性评价（研究2.4）

条件	道德知觉	能力知觉
系统合理化较高	5.74（1.00）	5.47（1.24）
系统合理化较低	5.26（1.18）	5.59（1.12）

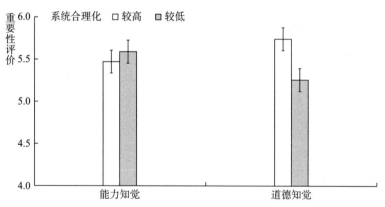

图4－9　系统合理化动机对道德知觉和能力知觉在自尊中
相对重要性的调节作用（研究2.4）

六　总结与讨论

研究2考察了系统合理化动机对道德知觉和能力知觉影响自尊相对

强度的调节作用。本研究通过相关关系（研究 2.1）和因果关系（研究 2.2、研究 2.3 和研究 2.4）的探究，以及对道德知觉和能力知觉在自尊中的重要性进行间接（研究 2.1 和研究 2.2）和直接测量（研究 2.3 和研究 2.4）等范式，共同验证了假设 2，并排除了社会赞许性、初始自尊水平和自我构念的影响。本研究从自尊的核心基础的角度切入，揭示了不道德行为影响自尊的边界条件起作用的核心机制：系统合理化动机影响了整体自尊的评价标准。另外，本研究也启发我们思考，不道德行为虽可以降低个体道德知觉水平、提升能力知觉水平，但这两种矛盾知觉的凸显性是否也受系统合理化动机的影响，进而决定了不道德行为影响自尊的不同路径？在接下来的研究中，我们将从不道德行为影响自尊的知觉基础的角度切入，进一步探讨不道德行为影响自尊的边界条件起作用的核心机制，以更完整地揭示基于系统合理化动机调节的不道德行为影响自尊的双路径模型。

第五章

研究 3 不道德行为影响自尊的双路径机制：系统合理化的调节作用

一　引言

　　研究 3 旨在从不道德行为影响自尊知觉基础的角度，探讨不道德行为影响自尊的边界条件起作用的核心机制，进而揭示不道德行为影响自尊的双路径权变模型。具体而言，本研究考察在系统合理化动机的不同水平下，不道德行为影响道德知觉、能力知觉的相对强度，以及不道德行为影响自尊的整体机制（理论模型如图 5－1 所示），并检验假设 3、假设 4。我们预测，系统合理化动机的调节作用不仅发生在道德知觉、能力知觉共同影响总体自尊的阶段，也发生在不道德行为影响道德知觉、能力知觉的阶段。本研究提出，系统合理化动机调节不道德行为影响道德知觉和能力知觉的相对强度（假设 3）：当系统合理化动机水平高时，不道德行为对道德知觉的预测作用比对能力知觉的预测作用更强；而当系统合理化动机水平低时，不道德行为对能力知觉的预测作用比对道德知觉的预测作用更强。基于假设 1 至假设 3，我们进一步提出基于系统合理化动机调节的双路径模型，以解释不道德行为影响自尊的心理机制（如图 5－2 所示），即系统合理化动机调节道德知觉和能力知觉两中介作用的相对凸显性（假设 4）：当系统合理化动机水平高时，道德知觉在不道德行为对自尊的负向影响中起中介作用；当系统合理化动机水平低时，能力知觉在不道德行为对自尊的正向影响中起中介作用。

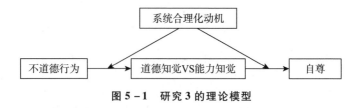

图 5 – 1　研究 3 的理论模型

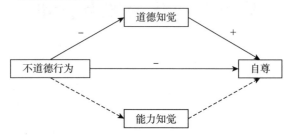

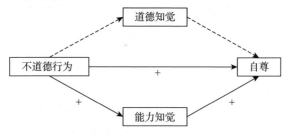

图 5 – 2　基于系统合理化调节的双路径模型

　　研究 3 包括 3 个子研究，研究 3.1 采用硬币抛掷法操纵即时的欺骗行为，研究 3.2 采用回忆法操纵不限类别的不道德行为，并测量系统合理化动机、道德知觉、能力知觉和自尊；研究 3.3 采用系统威胁法操纵系统合理化动机、通过硬币抛掷法操纵欺骗行为，并测量道德知觉和能力知觉、自尊。本研究旨在将整合模型在真实、当下的不道德行为（研究 3.1、研究 3.3）和回忆的多种类型的不道德行为（研究 3.2）中进行验证，并排除记忆清晰度、社会赞许性（研究 3.2），以及自我构念、个体初始自尊水平（研究 3.3）等因素可能对该模型造成的影响。

二 研究 3.1：操纵真实欺骗行为的因果研究

（一）研究目的

研究 3.1 采用硬币抛掷法操纵当下的真实欺骗行为，并在欺骗行为操纵前测量系统合理化动机，在欺骗行为后测量个体对自我的道德知觉、能力知觉及自尊。本研究预测，除再次验证假设 1、假设 2 以外，系统合理化动机也能调节欺骗行为影响道德知觉和能力知觉的相对强度（假设 3）：当系统合理化动机水平高时，欺骗行为对道德知觉的预测作用比对能力知觉的预测作用更强；而当系统合理化动机水平低时，欺骗行为对能力知觉的预测作用更强。此外，欺骗行为影响自尊的路径中，道德路径和能力路径的相对凸显性也由系统合理化动机调节（假设 4）：当系统合理化动机水平高时，欺骗行为通过道德路径影响自尊；当系统合理化动机水平低时，欺骗行为通过能力路径影响自尊。

（二）研究方法

1. 被试与统计检验力

根据主要交互作用的小到中等程度效应量 $f = 0.25$（Cohen，1992）估计研究所需样本量，事前检验表明，至少需要 128 名被试才可以获得 80% 的统计检验力。由于研究者认为事前检验的结果太过乐观（McShane & Böckenholt，2014），因此本研究进行前计划一次性招募 200 名被试。最终有 29 人因为存在未完成的项目被剔除，因此我们收集到 171 份有效数据，其中男性 91 名，女性 80 名，平均年龄为 21.84 岁，标准差为 6.43。被试被随机分配到欺骗组（$n = 83$）或控制组（$n = 88$）。被试每人获得 5 元钱的基础报酬和依据任务表现而累加的额外报酬。

2. 研究工具

系统合理化。本研究采用 Kay 和 Jost（2003）的量表测量个体的系统合理化动机（$\alpha = 0.78$），量表同研究 1.1。

欺骗行为的操纵。本研究采用硬币抛掷范式（Kouchaki & Gino，

2016）操纵个体即时的、真实的欺骗行为。范式同研究 1.4，硬币抛掷任务共进行 10 轮。通过比较两组被试报告的正确预测个数对操纵条件进行操纵检查。

道德知觉与能力知觉。本研究采用与研究 2.1 相同的特征评价范式测量被试对自我的道德知觉和能力知觉。道德知觉相关词包括：诚实、正直、可靠和善良；能力知觉相关词包括：有能力、能干、高效和精力充沛（Brambilla et al.，2011；Wojciszke，Dowhyluk，et al.，1998）。8 个特征词随机呈现。道德知觉（α = 0.79）、能力知觉（α = 0.80）分别根据该维度特征词的平均分数计算得出，得分越高表示个体的道德知觉、能力知觉越高。

自尊。本研究采用改编自 Rosenberg（1965）的自尊量表测量被试的状态自尊水平（α = 0.84），测量方式同研究 1.1。

3. 研究程序

本研究过程一共分为三步。第一，被试填写知情同意书。第二，正式实验部分。被试首先填写系统合理化量表，然后进行硬币抛掷任务，最后完成特征评价任务及自尊量表，并填写人口学信息，包括性别和年龄。第三，主试向被试说明真实研究目的，并按被试的实际任务表现发放相应报酬。

（三）结果与讨论

1. 操纵检查

首先对欺骗行为进行操纵检查。结果表明，欺骗组的被试报告的正确预测个数（$M = 6.29$，$SD = 1.65$）比控制组被试的正确预测个数（$M = 5.15$，$SD = 1.59$）显著更多，$t(169) = 4.61$，$p < 0.001$，$Cohen's\ d = 0.70$，95% CI [0.40，1.01]。同时，欺骗组被试报告的正确预测个数显著多于随机预测正确的个数（$10 \times 0.5 = 5$），$t(82) = 7.12$，$p < 0.001$；控制组被试报告的正确预测个数与随机预测正确的个数无显著差异，$t(87) = 0.87$，$p = 0.39$，欺骗行为的操纵有效。

2. 描述统计

不同欺骗行为条件下各变量的均值及标准差如表 5 - 1 所示。

表5-1　不同欺骗行为条件下各变量描述统计（$M \pm SD$）

变量	欺骗行为	
	控制组	欺骗组
系统合理化	5.07 ± 0.81	5.13 ± 0.97
道德知觉	5.68 ± 0.80	5.78 ± 0.80
能力知觉	5.28 ± 0.80	4.88 ± 0.98
自尊	4.71 ± 0.74	4.56 ± 0.90

3. 调节效应

本研究分三步检验欺骗行为影响自尊的双路径权变模型（Edwards & Lambert, 2007；Preacher et al., 2007）。首先，本研究以所有被试为样本进行回归分析，以揭示系统合理化动机在欺骗行为影响自尊过程中的调节作用，再次验证假设1。其次，本研究将样本按照系统合理化水平划分为高、低组，采用 Mplus 进行路径分析，分别检验欺骗行为对道德知觉和能力知觉的相对预测强度、道德知觉和能力知觉对自尊的相对预测强度是否受系统合理化动机的调节，以再次验证假设2，并检验假设3。最后，本研究对不同系统合理化条件下的样本进行中介分析，并采用 Bootstrap 法对中介效应进行检验（Preacher & Hayes, 2004），比较不同的系统合理化水平下道德路径和能力路径在欺骗行为对自尊影响中的相对凸显性，以检验假设4。下面对分析过程进行详述。

第一，系统合理化动机在欺骗行为影响自尊中的调节作用。本研究首先对欺骗行为的条件进行编码（0 = 控制组，1 = 欺骗组），并将连续型变量进行中心化处理，然后进行多元回归分析。结果表明，欺骗行为和系统合理化对自尊的交互作用显著，$B = -0.64$，95% CI [-0.90, -0.37]，$SE = 0.13$，$t = -4.76$，$p < 0.001$，$R_p^2 = 0.12$，90% CI [0.05, 0.16]。简单斜率检验表明，当系统合理化水平高时，欺骗行为显著降低了自尊水平（$B = -0.50$，95% CI [-0.95, -0.05]，$SE = 0.22$，$t = -2.23$，$p = 0.031$）；当系统合理化水平低时，欺骗行为提升了自尊（$B = 0.86$，95% CI [0.39, 1.33]，$SE = 0.23$，$t = 3.69$，$p < 0.001$），结果支持了假设1。

第二，系统合理化动机调节欺骗行为影响道德知觉和能力知觉的相对强度。我们首先根据被试的系统合理化水平，将其得分的百分位数分别位于前 27%、后 27% 者划分为高、低系统合理化组（Kelley，1939）。然后采用 Mplus 程序进行路径分析，在两组中分别用欺骗行为同时预测道德知觉、能力知觉，并比较其预测强度的差异。Wald 检验结果显示（见表 5-2），当系统合理化动机水平高时，欺骗行为对道德知觉的预测效应比对能力知觉的预测效应更强（$\chi^2 = 4.83$，$p = 0.03$）；当系统合理化动机水平低时，欺骗行为对能力知觉的预测效应比对道德知觉更强（$\chi^2 = 4.22$，$p = 0.04$）。也就是说，系统合理化动机调节欺骗行为影响道德知觉和能力知觉的相对强度，结果验证了假设 3。

同时，系统合理化动机调节道德知觉和能力知觉影响自尊的相对强度。我们采用同上的路径分析方法，在系统合理化动机的不同条件下分别用道德知觉、能力知觉同时预测自尊，比较二者对自尊的预测强度。Wald 检验结果显示（见表 5-2），当系统合理化动机水平高时，与能力知觉相比，道德知觉对自尊的预测作用更强（$\chi^2 = 6.52$，$p = 0.01$）；当系统合理化动机水平低时，能力知觉对自尊的预测作用比道德知觉更强（$\chi^2 = 13.53$，$p < 0.001$），即系统合理化动机调节道德知觉和能力知觉影响自尊的相对强度，结果再次验证假设 2。

表 5-2　不同系统合理化动机条件下欺骗行为对道德知觉和能力知觉、道德知觉和能力知觉对自尊的预测系数比较（研究 3.1）

预测关系	B [95% CI]	SE	t	Wald 检验
高系统合理化				
欺骗行为→道德知觉	-0.34 [-0.60, -0.09]	0.13	-2.62 **	$\chi^2 = 4.83$, $p = 0.03$
欺骗行为→能力知觉	0.03 [-0.26, 0.32]	0.15	0.32	
道德知觉→自尊	0.62 [0.43, 0.80]	0.10	6.34 ***	$\chi^2 = 6.52$, $p = 0.01$
能力知觉→自尊	0.16 [-0.05, 0.37]	0.11	1.46	
低系统合理化				
欺骗行为→道德知觉	0.20 [-0.08, 0.48]	0.14	1.38	$\chi^2 = 4.22$, $p = 0.04$
欺骗行为→能力知觉	0.45 [0.22, 0.69]	0.12	3.81 ***	
道德知觉→自尊	-0.07 [-0.31, 0.16]	0.12	-0.59	$\chi^2 = 13.53$, $p < 0.001$
能力知觉→自尊	0.75 [0.53, 0.98]	0.11	6.63 ***	

** $p < 0.01$，*** $p < 0.001$。

第三，系统合理化动机调节道德路径和能力路径在欺骗行为影响自尊中的相对凸显性。本研究采用 SPSS 的 PROCESS 程序模型 4 对不同系统合理化条件下的样本进行中介分析，并采用 Bootstrap 法对中介效应进行检验（Preacher & Hayes，2004）。本研究将道德知觉、能力知觉同时作为中介变量纳入分析，以揭示不同系统合理化水平下道德知觉、能力知觉在欺骗行为影响自尊中的中介作用，并比较其相对凸显性。结果发现，在高系统合理化条件下（见图 5 - 3），欺骗行为对自尊的负向影响通过且仅通过道德路径进行中介（$B = -0.33$，$SE = 0.19$，95% CI [-0.75，-0.04]），能力路径的间接效应不显著（$B = 0.01$，$SE = 0.06$，95% CI [-0.11，0.13]），两路径间接效应的强度差异显著（$B = 0.34$，$SE = 0.20$，95% CI [-0.76，-0.002]）。相反，在低系统合理化条件下（见图 5 - 4），欺骗行为对自尊的正向影响通过且仅通过能力路径进行中介（$B = 0.60$，$SE = 0.21$，95% CI [0.22，1.07]），道德路径的间接效应则不显著（$B = -0.02$，$SE = 0.07$，95% CI [-0.18，0.10]），两路径间接效应的强度差异显著（$B = 0.62$，$SE = 0.25$，95% CI [0.19，1.18]）。该结果验证了假设 4。将系统合理化动机作为连续变量，用 Mplus 整体模型的分析也得出了相同结果。

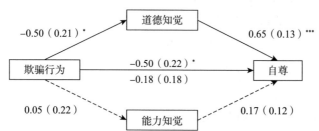

图 5 - 3　高系统合理化条件下欺骗行为影响自尊的心理路径

说明：括号外为各路径非标准化回归系数，括号内为标准误。从欺骗行为至自尊的直接路径上方为总效应，下方为其被中介后的直接效应；* p < 0.05，*** p < 0.001，下同。

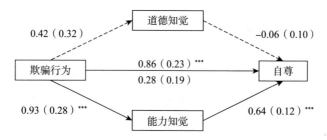

图 5 - 4　低系统合理化条件下欺骗行为影响自尊的心理路径

本研究验证了假设 1 至假设 4，不仅揭示了欺骗行为影响道德知觉和能力知觉的边界条件，还揭示了不同边界条件下欺骗行为对自尊产生不同影响的心理机制，初步验证了双路径权变模型。本研究所验证的整合模型，通过道德知觉和能力知觉两路径的权变，揭示了基于系统合理化动机调节的不道德行为影响自尊的双路径机制。具体来说，当系统合理化动机水平较高时，不道德行为通过且仅通过道德路径降低自尊水平；当系统合理化动机水平较低时，不道德行为通过且仅通过能力路径提升自尊水平。

三 研究 3.2：操纵不限种类不道德行为的因果研究

（一） 研究目的

研究 3.2 在以下三方面对研究 3.1 进行拓展。首先，为了提升研究的外部效度，将模型从特定的不道德行为拓展到一般的、多种类型的不道德行为进行验证，我们采用自由书写范式操纵不道德行为（Leunissen et al.，2013）。其次，为了让被试进行更加客观的评价，本研究将不道德行为由行动阶段拓展到行动后阶段进行验证（Gollwitzer，1990，2012），即采用回忆范式操纵不道德行为。最后，为了尽可能防止不道德行为导致的相关事件选择性遗忘（Kouchaki & Gino，2016）对结果产生的影响，我们对被试的记忆清晰度进行了控制。本研究预期在控制了记忆清晰度后，结果依然能验证假设 1 至假设 4。

（二） 研究方法

1. 被试与统计检验力

根据主要交互作用的小到中等程度效应量 $f = 0.25$（Cohen，1992）估计研究所需样本量，事前检验表明，至少需要 128 名被试才可以获得 80% 的统计检验力。由于研究者认为事前检验的结果太过乐观（McShane & Böckenholt，2014），同时出于对书写范式完成率的考量，本研究计划一次性招募 220 名被试。在实际招募的 220 名被试中，最终有 19 人因为存在未完成的项目被剔除，因此我们收集到 201 份有效数据，其中男性 130 名，女性 71 名，平均年龄为 21.73 岁，标准差为 5.09。被试被随机分配到不道德行为组（$n = 103$）或控制组（$n = 98$）。

2. 研究工具

系统合理化。本研究采用 Kay 和 Jost（2003）的量表测量个体的系统合理化水平（$\alpha = 0.81$），量表同研究 1.1。

不道德行为的操纵。本研究采用回忆范式（Kouchaki & Gino，2016；Barkan et al.，2012）操纵个体的不道德行为，材料、程序同研究 1.3。被试被要求回忆近期的一个事件，并写一段 200 字以上的文字尽可能详细地描述事件当时的情况以及当时场景下的想法和感受。不道德行为组被试回忆近期做过的一件不道德行为，控制组被试则被要求回忆前一天晚上吃饭的场景。通过比较被试在"请评价您刚才回忆事件的不道德程度"题目上的自评得分进行操纵检查。

道德知觉与能力知觉。本研究采用特征评价范式（Wojciszke，Bazinska，et al.，1998）测量被试对自我的道德知觉和能力知觉，范式、程序同研究 2.1。道德知觉相关词包括：正直的、真诚的、有原则的（$\alpha = 0.91$）；能力知觉相关词包括：有能力的、聪明的、机灵的（Wojciszke，Dowhyluk，et al.，1998；$\alpha = 0.88$）。特征词随机呈现。

自尊。本研究采用改编自 Rosenberg（1965）的自尊量表测量被试的状态自尊水平（$\alpha = 0.84$），测量方式同研究 1.1。

记忆清晰度。本研究要求被试在"关于刚才描述的事件，我的记忆很清晰"题目上进行 7 点评分（1 = 完全不符合，7 = 完全符合），以测量被试的记忆清晰度（Kouchaki & Gino，2016）。

3. 研究程序

本研究过程一共分为三步。第一，被试填写知情同意书。第二，正式实验部分。被试首先填写系统合理化量表；然后进行一项回忆任务，回忆并描述最近做过的不道德行为事件或前一天晚上吃饭的场景；最后被试完成自我评价任务，评价实验过程中的记忆清晰度，并填写人口学信息。第三，主试向被试说明真实研究目的，并发放相应报酬。

（三） 结果与讨论

1. 操纵检查

首先对不道德行为进行操纵检查。被试回忆的不道德行为种类多样、程度不一，包括发生于个体自身的（拿无人认领的衣服）、人际的不道德行为（婚内与其他同事产生亲密关系）、无明显利益受损方的（如课上做别的科目的作业）、有明显利益受损方的不道德行为（虐待小狗）、出于获取自我利益而做出的（用宿舍公费还自己的花呗）、出于保护他人利益而做出的不道德行为（为了给生病的室友打开水而插队）、从不违反纪律（随地吐痰）到违反治安管理条例（将未熄灭的烟头扔进垃圾箱）再到违反法规法纪的不道德行为（教唆并教给未成年人抽烟）等。不道德行为组被试对回忆事件自评的不道德程度（$M = 3.91$，$SD = 1.73$）比控制组被试自评的不道德程度（$M = 2.43$，$SD = 1.63$）显著更高，$t(199) = 6.27$，$p < 0.001$，$Cohen's\ d = 0.88$，95% CI $[0.59, 1.17]$，不道德行为的操纵有效。

2. 描述统计

各变量的均值、标准差及其之间的相关关系如表 5-3 所示。另外，经检验，不道德行为组被试（5.32 ± 1.11）与控制组被试（5.40 ± 1.06）在调节变量系统合理化水平上不存在显著差异，$t(199) = 0.54$，$p = 0.59$。

表 5-3　各变量描述统计及相关关系

变量	均值	标准差	1	2	3	4	5
1. 不道德行为	—	—					
2. 系统合理化	5.36	1.08	-0.04				
3. 道德知觉	5.37	1.46	-0.23**	0.21**			
4. 能力知觉	4.97	1.31	-0.02	0.33***	0.63***		
5. 自尊	4.81	0.96	-0.09	0.41***	0.50***	0.64***	
6. 记忆清晰度	5.34	1.54	-0.02	0.16*	0.12	0.20**	0.26***

*** $p < 0.001$，** $p < 0.01$，* $p < 0.05$。

3. 调节效应

与研究 3.1 的分析方法相同，本研究分三步检验不道德行为影响自尊的双路径权变模型（Edwards & Lambert，2007；Preacher et al.，2007），以检验假设1至假设4。与研究3.1不同的是，本研究的所有分析过程均控制了记忆清晰度。

首先，本研究检验系统合理化动机在不道德行为影响自尊中的调节作用。在回归分析前，先对不道德行为进行编码（0 = 控制组，1 = 不道德行为组），将连续变量中心化，然后以自尊为因变量进行多元回归分析。结果表明，不道德行为条件和系统合理化动机对自尊的交互作用显著，$B = -0.39$，95% CI $[-0.61, -0.18]$，$SE = 0.11$，$t = -3.57$，$p < 0.001$，$R_p^2 = 0.06$，90% CI $[0.02, 0.12]$。简单斜率检验表明，当系统合理化水平高时，不道德行为降低自尊水平（$B = -0.43$，95% CI $[-0.85, -0.01]$，$SE = 0.21$，$t = -2.04$，$p = 0.046$）；当系统合理化水平低时，不道德行为提升自尊水平（$B = 0.44$，95% CI $[0.01, 0.87]$，$SE = 0.21$，$t = 2.05$，$p = 0.046$），结果支持了假设1。

其次，本研究检验系统合理化动机对不道德行为影响道德知觉和能力知觉相对强度的调节作用。我们首先根据被试的系统合理化水平，将其得分的百分位数分别位于前27%、后27%者划分为高、低系统合理化组。然后采用 Mplus 程序进行路径分析，在两组里分别用不道德行为条件同时预测道德知觉、能力知觉，并比较不道德行为对道德知觉和能力知觉的预测系数绝对值大小。Wald 检验结果显示（见表5-4），当系统合理化动机水平高时，不道德行为对道德知觉的预测效应比对能力知觉的预测效应更强（$\chi^2 = 7.30$，$p = 0.01$）；当系统合理化动机水平低时，不道德行为对能力知觉的预测效应比对道德知觉的预测效应更强（$\chi^2 = 5.33$，$p - 0.02$）。也就是说，系统合理化动机调节不道德行为影响道德知觉和能力知觉的相对强度，结果验证了假设3。

再次，本研究检验系统合理化动机对道德知觉和能力知觉影响自尊相对强度的调节作用。我们采用同上的路径分析方法，在高、低系统合理化组分别用道德知觉、能力知觉同时预测自尊，比较二者对自尊的预测系数。Wald 检验结果显示（见表5-4），当系统合理化动机水平高时，道德知觉比能力知觉对自尊的预测效应更强（$\chi^2 = 3.78$，$p = 0.05$）；当系统合理化动机水平低时，能力知觉比道德知觉对自尊的预测效应更强（$\chi^2 = 8.74$，$p = 0.003$）。也就是说，系统合理化动机调节道德知觉和能力知觉影响自尊的相对强度，再次验证假设 2。

表 5 − 4　不同系统合理化动机条件下不道德行为对道德知觉和能力知觉、道德
知觉和能力知觉对自尊的预测系数比较（研究 3.2）

预测关系	B [95% CI]	SE	t	Wald 检验
高系统合理化				
不道德行为→道德知觉	− 0.42 [− 0.63，− 0.20]	0.11	− 3.75 ***	$\chi^2 = 7.30$，$p = 0.01$
不道德行为→能力知觉	− 0.15 [− 0.41，0.10]	0.13	− 1.17	
道德知觉→自尊	0.57 [0.29，0.85]	0.14	4.02 ***	$\chi^2 = 3.78$，$p = 0.05$
能力知觉→自尊	0.01 [− 0.26，0.29]	0.14	0.10	
低系统合理化				
不道德行为→道德知觉	0.10 [− 0.16，0.35]	0.13	0.74	$\chi^2 = 5.33$，$p = 0.02$
不道德行为→能力知觉	0.37 [0.15，0.60]	0.11	3.31 **	
道德知觉→自尊	− 0.07 [− 0.33，0.20]	0.14	− 0.52	$\chi^2 = 8.74$，$p = 0.003$
能力知觉→自尊	0.64 [0.39，0.90]	0.13	4.90 ***	

** $p < 0.01$，*** $p < 0.001$。

最后，本研究探讨系统合理化动机对道德路径和能力路径在不道德行为影响自尊中相对凸显性的调节作用。本研究采用 SPSS 的 PROCESS 程序模型 4 对不同系统合理化条件下的样本进行中介分析，除加控制变量外，分析方法同研究 3.1。结果发现，在高系统合理化动机条件下（见图 5 − 5），不道德行为对自尊的负向影响通过且仅通过道德路径进行中介（$B = − 0.37$，$SE = 0.19$，95% CI [− 0.83，− 0.09]），能力路径的间接效应不显著（$B = − 0.003$，$SE = 0.08$，95% CI [− 0.15，0.22]），两路径间接效应的强度差异显著（$B = 0.37$，$SE = 0.24$，95% CI [0.05，0.97]）。相反，在低系统合理化动机条件下（见图 5 − 6），不道德行为对自尊的提升作用通过且仅通过能力路径进行中介（$B = 0.41$，$SE = 0.16$，95% CI [0.11，0.78]），道德路径的间接效应则不显著（$B = − 0.01$，$SE = 0.05$，95% CI [− 0.11，0.09]），两路径间接效应强度差异显著（$B = 0.42$，$SE = 0.19$，95% CI [0.07，0.86]）。该结果验证了假设 4。

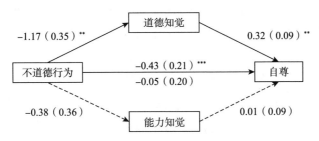

图 5 – 5　高系统合理化条件下不道德行为影响自尊的心理路径

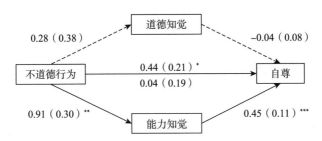

图 5 – 6　低系统合理化条件下不道德行为影响自尊的心理路径

　　综上，研究 3.2 验证了假设 1 至假设 4，支持了不道德行为影响自尊的双路径权变模型。本研究不仅将不道德行为的种类由单一、固定拓展为多种类型，并且将不道德行为的时程由当下拓展到过去已完成的不道德行为中。此外，本研究进行了补充分析，该结果在不控制个体的记忆清晰度的情况下依然成立，增加了结果的可靠性。

四　研究3.3：操纵系统合理化动机的因果研究

（一）研究目的

　　研究 3.3 从五方面对研究 3.1 和研究 3.2 的结果进行拓展。第一，为了避免将连续变量划分为高、低组别带来统计检验力的损失，我们在研究 3.3 中结合新冠疫情给社会系统带来的威胁对系统合理化动机进行操纵。第二，为了解决自尊的测量指标较为单一的问题，本研究采用了更新、更直观的方法测量个体的自尊。第三，为了排除个体初始自尊水平的差异对结果产生的影响，本研究测量并控制了个体初始自尊水平。

第四，为了尽可能地防止测量自我评价时产生的自我服务偏差（Shalvi et al., 2015），克服不道德行为对个体道德知觉、能力知觉等产生的不客观评价，本研究控制了个体社会赞许性水平。第五，为了排除关注自我和关注他人的个体价值倾向可能对结果产生的影响（Tafarodi & Swann, 1995；Wojciszke & Bialobrzeska, 2014），本研究测量并控制了个体自我构念水平（Probst et al., 1999；Utz, 2004）。本研究预期在控制了自我构念、社会赞许性和初始自尊水平后，结果依然能验证假设1至假设4。本研究的假设、测量及数据处理计划在实验前进行了预注册（https：//aspredicted. org/blind. php？x = cr299t）。本研究于2020年12月完成。

（二）研究方法

1. 被试与统计检验力

根据主要交互作用的小到中等程度效应量 f = 0. 25（Cohen，1992）估计研究所需样本量，事前检验表明，至少需要128名被试才可以获得80%的统计检验力。由于研究者认为事前检验的结果太过乐观（McShane & Böckenholt，2014），且出于对问卷完成率和认真度的考量，本研究共招募220名被试，最终有20人因为存在未完成的项目或未通过注意力测试被剔除，因此我们最终收集到200份有效数据，其中男性64名，女性136名，平均年龄为22.13岁，标准差为4.87。被试被随机分配到2（系统合理化：系统威胁组，控制组）×2（欺骗行为：欺骗组，控制组）四种条件中的一组，且分布较为平均（χ^2 = 0. 60，p = 0. 90）。

2. 研究工具

初始自尊。 本研究采用一道题目测量个体初始自尊（Robins et al., 2001），被试被要求在"我的人生很有价值"上评价其赞同程度（1 = 非常不赞同，7 = 非常赞同），作为其基线自尊水平。

系统合理化动机的操纵。 本研究改编系统威胁范式（Ullrich & Cohrs, 2007），于2020年12月开展，以新冠疫情给社会系统带来的威胁为内容激发个体的系统合理化动机（Jutzi et al., 2020）。系统威胁组的个体阅读关于新冠疫情给社会系统带来威胁的材料（例如，"截至2020年11月1日，全球累计死亡人数已超过120万人，每日以近7000人的速度增加，近日国内疫情又出现抬头趋势，山东青岛、新疆几地接连出现无症状感染者，国内现有无症状感染者累计近 700 例……新冠疫情已给经济、民生等多方面带来了巨大不确定性和严峻挑战……虽然新冠疫情已肆虐半年多，但世界卫生组织近日公布官方声明，到目前为止，还没有专门用于预防和治疗新型冠状病毒的药物和方法……"①）；控制组的个体阅读与系统无关的其他威胁材料。两组被试随后均在 6 道与阅读材料主题相关的题目上打分，例如"新冠疫情对社会系统的运行构成了威胁"（系统威胁组）或"如今，疯牛病不再是一个问题"（控制组）。接下来，被试完成系统合理化量表（Kay & Jost，2003）（$\alpha = 0.82$），其得分作为操纵检查。

欺骗行为的操纵。本研究采用硬币抛掷法（Kouchaki & Gino，2016）操纵真实的欺骗行为，硬币抛掷任务一共进行 10 轮，操纵方法及材料同研究 1.4。在每轮的抛掷任务中，控制组被试先报告猜测的抛掷结果，然后点击按钮系统随机抛掷硬币，最后报告猜测结果与实际抛掷结果是否一致，一致的次数与额外收益相对应。欺骗组被试事先也需要猜测抛掷结果，但只需把猜测结果记在心里，不用报告，最后同样在硬币抛掷后报告猜测结果与实际抛掷结果是否一致，并获得相应收益。通过比较两组被试报告的正确预测个数对操纵条件进行操纵检查。

道德知觉与能力知觉。本研究采用特征评价范式（Wojciszke & Bialobrzeska，2014）测量被试的道德知觉和能力知觉，范式、程序同研究 3.2。道德知觉相关词包括：善良的，真诚的，公正的（$\alpha = 0.74$）；能力知觉相关词包括：高效的，有能力的，精力充沛的（$\alpha = 0.79$）。特征词随机呈现。

状态自尊。本研究采用由 4 道题构成的全龄段自尊量表（Lifespan Self-esteem Scale）测量被试指向自我的情绪和态度作为状态自尊指标（Harris et al.，2018）。例目题如："当想到自己时，您的情绪感受如何？"作答选项由从非常悲伤（1）到非常开心（7）的表情图组成，分数越高，代表自尊水平越高（$\alpha = 0.90$）。

---

① 笔者根据《［天下财经］全球疫情持续加剧 全球累计新冠肺炎死亡病例超 120 万例》（https://tv.cctv.com/2020/11/04/VIDEuM7A0ptJxPjsHeTKC3Wm201104.shtml）、《2020 年 11 月 1 日 31 省区市新增 24 例确诊 – 广州本地宝》（https://gz.bendibao.com/news/2020112/content279919.shtml）等整理而成。

社会赞许性。本研究采用 5 道题简版社会赞许性量表（Hays et al.，1989）测量个体在填写问卷过程中的社会赞许性水平。题目例如："不论和谁说话，我总是专注倾听。"要求被试在 7 点量表上选择每个陈述与自身情况的符合程度（1 = 完全不符合，7 = 完全符合）。统一正反向计分后，5 道题目的平均得分作为社会赞许性指标（$\alpha = 0.64$），评分越高代表社会赞许性越强。

自我构念。本研究采用同研究 2.4 的自我构念量表（Singelis，1994）测量个体独立我（$\alpha = 0.72$）和互赖我（$\alpha = 0.86$）的自我构念水平。

3. 研究程序

本研究程序一共分为三步。第一，被试填写知情同意书。第二，被试参与正式实验，共包含四个任务。首先，被试评价初始自尊；其次，被试按要求阅读文字并表达对社会问题的看法，继而完成系统合理化量表；再次，被试进行硬币抛掷游戏；最后，被试完成对自我的道德知觉与能力知觉及自尊评价、社会赞许性和自我构念量表，并填写人口学信息。第三，正式实验结束后，主试向被试说明真实研究目的，并发放报酬。

（三）结果与讨论

1. 操纵检查

本研究采用方差分析法对各自变量进行操纵检查。结果表明，系统合理化动机的操纵有效，$F(1, 196) = 8.94$，$p = 0.003$，$\eta_p^2 = 0.04$，90% CI $= [0.02, 0.10]$；$M_{威胁} = 5.45$，$SD = 0.97$；$M_{控制} = 5.06$，$SD = 0.84$。欺骗行为的操纵有效，$F(1, 196) = 19.42$，$p < 0.001$，$\eta_p^2 = 0.09$，90% CI $= [0.04, 0.16]$；$M_{欺骗} = 6.25$，$SD = 1.74$；$M_{控制} = 5.16$，$SD = 1.76$，且互不影响（$ps > 0.18$）。也就是说，系统合理化动机的操纵对欺骗行为无影响，欺骗行为的操纵对系统合理化动机也无影响，即二者的操纵相互独立。

2. 描述统计

各变量的均值、标准差及其之间的相关关系如表 5 − 5 所示。

3. 调节效应

本研究采用与研究 3.1 相同的分析方法检验欺骗行为影响自尊的双路径权变模型。不同之处在于，本研究的分析过程均控制了初始自尊水平、

表 5 - 5　各变量描述统计及相关关系

变量	均值	标准差	1	2	3	4	5	6	7	8
1. 系统合理化动机	—	—								
2. 不道德行为	—	—	0.02							
3. 道德知觉	5.86	0.76	0.09	-0.10						
4. 能力知觉	5.14	1.07	0.09	0.15*	0.56***					
5. 状态自尊	5.13	1.07	0.10	0.03	0.54***	0.68***				
6. 初始自尊	5.38	1.08	0.08	-0.04	0.36***	0.52***	0.55***			
7. 社会赞许性	4.50	0.86	0.13	-0.02	0.47***	0.37***	0.37***	0.27***		
8. 独立我	5.00	0.78	0.05	0.05	0.45***	0.36***	0.29***	0.24**	0.45***	
9. 互赖我	4.53	0.73	-0.04	0.07	0.28***	0.44***	0.37***	0.39***	0.14*	0.19*

*** p <0.001，** p <0.01，* p <0.05。

社会赞许性和自我构念。在多元回归分析之前，对欺骗行为（0 = 控制组，1 = 欺骗组）和系统合理化（–1 = 较低，1 = 较高）的组别进行编码。

首先，本研究检验系统合理化动机在欺骗行为对自尊影响中的调节作用。本研究使用 SPSS 的 PROCESS 插件进行回归分析，其中欺骗行为为自变量，系统合理化动机条件为调节变量，自尊为因变量。结果表明，欺骗行为和系统合理化动机对自尊的交互作用显著，$B = -0.51$，95% CI $[-0.74, -0.28]$，$SE = 0.12$，$t = -4.35$，$p < 0.001$，$R_p^2 = 0.09$，90% CI $[0.04, 0.16]$。简单斜率检验表明，当系统合理化水平较高时，欺骗行为降低自尊水平（$B = -0.49$，95% CI $[-0.82, -0.16]$，$SE = 0.17$，$t = -2.92$，$p = 0.004$）；当系统合理化水平较低时，欺骗行为提升自尊水平（$B = 0.56$，95% CI $[0.24, 0.89]$，$SE = 0.16$，$t = 3.47$，$p = 0.001$），结果支持了假设 1。

其次，本研究检验系统合理化动机在欺骗行为影响道德知觉和能力知觉相对强度中的调节作用。在高、低系统合理化组中，我们分别采用 Mplus 进行路径分析，用欺骗行为同时预测道德知觉、能力知觉，并比较欺骗行为对道德知觉和能力知觉的预测强度。Wald 检验结果显示（见表 5 –6），当系统合理化动机水平较高时，欺骗行为对道德知觉的预测效应比对能力知觉的预测效应更强（$\chi^2 = 5.86$，$p = 0.02$）；当系统合理化动机水平较低时，欺骗行为对能力知觉的预测效应比对道德知觉更强（$\chi^2 = 10.49$，$p = 0.001$）。也就是说，系统合理化动机调节欺骗行为影响道德知觉和能力知觉的相对强度，结果验证了假设 3。

再次，本研究检验系统合理化动机在道德知觉和能力知觉影响自尊相对强度中的调节作用。我们采用同上的路径分析方法，在系统合理化动机的高、低组里用道德知觉、能力知觉同时预测自尊，比较二者对自尊的预测系数。Wald 检验结果显示（见表 5 – 6），当系统合理化动机水平较高时，道德知觉比能力知觉对自尊的预测效应更强（$\chi^2 = 5.48$，$p = 0.02$）；当系统合理化动机水平较低时，能力知觉比道德知觉对自尊的预测效应更强（$\chi^2 = 11.23$，$p < 0.001$）。也就是说，系统合理化动机调节道德知觉和能力知觉影响自尊的相对强度，结果再次验证假设 2。

表 5 - 6　不同系统合理化动机条件下欺骗行为对道德知觉和能力知觉、道德知觉
和能力知觉对自尊的预测系数比较（研究 3.3）

预测关系	B [95% CI]	SE	t	Wald 检验
高系统合理化				
欺骗行为→道德知觉	-0.23 [-0.37, -0.08]	0.08	-3.02**	$\chi^2 = 5.86$, $p = 0.02$
欺骗行为→能力知觉	0.01 [-0.15, 0.16]	0.08	0.07	
道德知觉→自尊	0.44 [0.25, 0.63]	0.10	4.59***	$\chi^2 = 5.48$, $p = 0.02$
能力知觉→自尊	0.15 [-0.04, 0.33]	0.10	1.51	
系统合理化较低				
欺骗行为→道德知觉	0.02 [-0.15, 0.18]	0.08	0.18	$\chi^2 = 10.49$, $p = 0.001$
欺骗行为→能力知觉	0.29 [0.15, 0.43]	0.07	4.03***	
道德知觉→自尊	0.04 [-0.10, 0.19]	0.08	0.58	$\chi^2 = 11.23$, $p < 0.001$
能力知觉→自尊	0.55 [0.39, 0.71]	0.08	6.78***	

** $p < 0.01$，*** $p < 0.001$。

　　最后，本研究探讨系统合理化动机对道德路径和能力路径在欺骗行为影响自尊中相对凸显性的调节作用。本研究加入控制变量后采用同研究 3.1 的分析方法，以揭示不同系统合理化水平下道德知觉、能力知觉在欺骗行为影响自尊中的中介作用，并比较其相对凸显性。结果发现，当系统合理化水平较高时（见图 5 - 7），欺骗行为降低自尊水平的作用通过且仅通过道德路径进行中介（$B = -0.21$, $SE = 0.09$, 95% CI [-0.42, -0.07]），能力路径的间接效应不显著（$B = 0.002$, $SE = 0.03$, 95% CI [-0.06, 0.06]），两路径间接效应强度差异显著（$B = 0.22$, $SE - 0.08$, 95% CI [0.07, 0.42]）。相反，当系统合理化水平较低时（见图 5 - 8），欺骗行为提升自尊水平的作用通过且仅通过能力路径进行中介（$B = 0.34$, $SE = 0.11$, 95% CI [0.14, 0.56]），道德路径的间接效应则不显著（$B = 0.001$, $SE = 0.02$, 95% CI [-0.02, 0.06]），两路径作用强度差异显著（$B = 0.34$, $SE = 0.11$, 95% CI [0.13, 0.56]）。该结果验证了假设 4。

　　在研究 3.3 中，我们再次验证了假设 1 至假设 4，该结果在排除了初始自尊水平差异、社会赞许性及自我构念后仍然成立，说明我们的结果

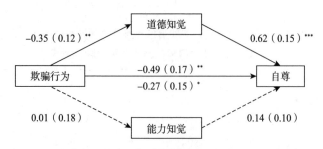

图 5 - 7　系统合理化水平较高时欺骗行为影响自尊的心理路径

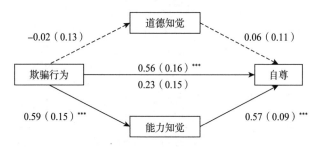

图 5 - 8　系统合理化水平较低时欺骗行为影响自尊的心理路径

不依赖于个体特质性自尊水平和自我构念等因素带来的影响。此外，本研究进行了补充分析，该结果在不控制个体初始自尊、社会赞许性和自我构念的情况下依然成立，增加了结果的可靠性。

五　总结与讨论

　　本研究发现，系统合理化动机不仅调节道德知觉和能力知觉影响自尊的相对强度，而且调节不道德行为影响道德知觉和能力知觉的相对强度。这两阶段的调节，共同揭示了系统合理化作为不道德行为影响自尊的边界条件的核心机制，即系统合理化动机决定了道德路径和能力路径在不道德行为影响自尊中的相对凸显性。具体来说，当系统合理化动机水平高时，道德路径得到凸显，不道德行为通过道德知觉的中介作用影响自尊水平；当系统合理化动机水平低时，能力路径得到凸显，不道德行为通过能力路径影响自尊。综上，本研究证实了不道德行为影响自尊的双路径权变模型。也就是说，个体依据行为描述自我、评价自我价值的路径有两条，其相对凸显性是由系统合理化动机决定的。

第六章

总讨论

一 研究结果总结

针对前人关于不道德行为影响自尊领域研究的现存问题，本书从维护社会系统合理性的动机入手，引入道德知觉和能力知觉两个维度，建立了不道德行为影响自尊的双路径权变模型。具体来说，首先，本书从个体与系统互动的动态视角入手，通过引入系统合理化动机为理论立足点，揭示了不道德行为影响个体自尊的边界条件。其次，本书引入道德和能力两个基本知觉维度，一方面探讨了系统合理化动机在两个知觉维度影响自尊中的决定作用，另一方面探讨了系统合理化动机在不道德行为影响道德知觉和能力知觉中的决定作用，二者共同揭示了不道德行为影响自尊的边界条件的核心作用机制。最后，本书通过同时考察道德知觉和能力知觉两条路径在不道德行为影响自尊中的作用，探讨并建立了双路径权变模型的解释机制。整体模型如图 6-1 所示。

本书通过 3 个研究 11 个子研究探索上述四个研究问题，验证了前文提到的 4 个假设。研究 1 探讨了系统合理化动机在不道德行为影响自尊中的调节作用：当系统合理化水平高时，不道德行为降低自尊水平；当系统合理化水平低时，不道德行为提升自尊水平。研究 2 探讨了系统合理化动机在道德知觉和能力知觉预测自尊水平中的调节作用：当系统合

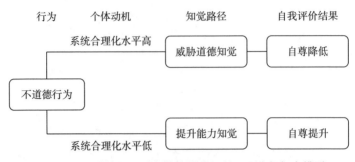

图6-1　不道德行为对自尊的影响机制：双路径权变模型

理化水平高时，道德知觉在自尊中起主导作用；当系统合理化水平低时，能力知觉在自尊中起主导作用。研究3通过权变的双路径模型，一方面，验证了系统合理化动机调节不道德行为影响道德知觉和能力知觉的相对强度：当系统合理化水平高时，不道德行为主要影响道德知觉；当系统合理化水平低时，不道德行为对能力知觉的作用更强。另一方面，研究3也揭示了系统合理化调节道德路径和能力路径在不道德行为影响自尊中的相对凸显性：当系统合理化水平高时，道德知觉的中介作用得到凸显；当系统合理化水平低时，能力知觉的中介作用得到凸显。

　　本书采用了多质多法的研究模式。本书采用多种研究方法，包括实验研究、相关研究；探讨了不同种类的不道德行为，如小到日常欺骗行为，大到违法的贿赂行为，从以自利为目的的不道德行为到合作、助人框架下的不道德行为，以及自由回忆的多种类型的不道德行为等；采取不同的方法测量和操纵不道德行为，如情景模拟、真实行为和回忆法等；选择不同指标探索了道德知觉和能力知觉在自尊中的重要性，如采用在自尊中可解释的变异和直接评价重要性等指标；采用不同工具测量个体自尊，如《罗森伯格量表》和《全龄段自尊量表》；采用多种方法操纵系统合理化动机，如新冠疫情给社会系统带来的威胁和关于社会现实的自由书写等方法，避免了某一种范式带来的系统性偏差。此外，本书分别控制了个体初始自尊水平、自我构念、记忆清晰度和社会赞许性等可能影响结果的变量，结果依然稳健。这些丰富多样的研究策略既保证了研究的内部效度和结果的可靠性，同时也拓展了研究的外部效度。

二　研究结果解释

本书发现（见图6-1），不道德行为对自尊产生积极或是消极影响取决于个体合理化社会系统的动机，即系统合理化动机的水平。当系统合理化动机水平高时，个体具有强烈的动机去维护当下社会系统的稳定，就会合理化、内化并维护当下社会的运行机制和规范（Jost & Banaji，1994）。道德作为维护社会系统有序化的约束机制（Haidt，2012），个体可以基于对道德系统的维护程度获得更高的声望并提升地位（Bai，2017），进而提升自己的社会价值（Anderson et al.，2015），即此时道德知觉在依据行为对自我的知觉描述中、依据自我知觉形成整体自尊的评价中起主导作用。此时不道德行为通过降低道德知觉水平的路径降低个体自尊水平。相反，当系统合理化动机水平低时，社会系统的运行规则被忽视，个体更愿意依靠自己的能力改变现状及自己的社会排序（Bai，2017；Fiske et al.，2002）。由于能力水平可以帮助个体有效实现既定目标，体现个体价值，此时能力知觉在依据行为对自我的知觉描述中、依据自我知觉形成整体自尊的评价中起主导作用。此时不道德行为通过提升能力知觉的路径提升自尊水平。

关于道德知觉与能力知觉的关系，本书尽可能地采取措施来控制二者之间的相互作用。在理论上，虽然已有理论支持在对行为或自我的知觉过程中，道德知觉和能力知觉是正交关系（Osgood et al.，1957；Wiggins，1979），但最近有研究发现，在知觉他人时，道德知觉与能力知觉间存在共变关系（Imhoff & Koch，2017；Stellar & Willer，2018）。因此，为了排除二者之间可能存在的复杂关系在自我知觉中的影响，一方面，我们在研究中分别操纵了道德知觉和能力知觉，发现二者的操纵之间没有交互作用；另一方面，在统计中对两个维度间的关系进行了控制。本书在实验设计和数据分析上均尽可能地严格控制两种知觉的相互关系对结果造成的额外影响。

三 理论贡献

本书解决了不道德行为如何以及为何影响自尊这一重要的科学问题，不仅解决了以往研究中存在的问题，而且对不道德行为与自尊的关系、自尊、不道德行为及系统合理化理论等研究领域有其独特的理论贡献，主要表现为以下几方面。第一，本书通过将系统合理化动机引入不道德行为与自尊的研究，解决了以往研究关于不道德行为与自尊关系的理论争议。第二，本书通过探讨自尊核心知觉基础，从动态视角解决了关于自尊功能的理论争议，深化了对自尊双重动机性作用的理解。第三，本书发现了不道德行为影响自尊的双路径权变机制，将不道德行为研究领域的目标实现框架和道德性框架进行动态整合，系统地揭示了不道德行为带来的心理代价与收益的动态权衡过程，体现了个体超越他人及和睦共生两种基本需求的动态权衡。第四，本书深化了系统合理化理论中关于被个体所维护的系统内容的认识。第五，本书深化了对社会知觉基本维度之间关系的认识。

（一）回应了不道德行为与自尊关系的理论争议

研究 1 通过引入系统合理化动机，对不道德行为影响自尊的不一致研究结果进行整合，回应了行为与自我评价相关的理论问题。认知一致性理论（Festinger，1957）认为，个体的行为与自我概念保持一致才能减少认知冲突（Aronson & Mettee，1968；Buckley et al.，1998），因此个体做出不道德行为后自尊水平则会降低。但自我确认理论（Steele，1988）对该理论进行批判，并用实证研究证明了不道德行为和自我形象冲突导致的失调感，不是来源于二者不一致本身，而是来源于不道德行为对自我价值、自我完整性的威胁（Steele & Liu，1983）。通过"价值确认性事件"就可以弥补这种失调感和威胁感。但是，哪些事件能成为所谓的价值确认性事件，研究者并未给出定论。遵守社会道德规范和通过不道德的方式实现目标均有理由成为价值确认性事件，哪种事件可以真正帮助个体确认自我价值呢？本书的结果表明，个体对当前社会系统的合理化动机可以决定个体确认自我价值的评价标准。如果个体有很强的动机维护现存社会的稳定运转，那么遵守社会道德规范的行为则能够帮助个体确认自我价值；相反，如果维护动机弱，则当下的获利、有助于个体目标实现的行为更能够带来自我价值。

研究不道德行为对自尊的影响，能够帮助我们了解个体内部自我监控系统的运行机制，以更加系统地理解不道德行为的动态发展。早期研究者曾着重探讨哪些个体更容易做出不道德行为（Liang et al.，2016；Tan et al.，2016），但随着研究的深入，研究者们发现不道德行为并非仅仅存在于具有某类特征的人中，而更多的是由普通大众甚至是标榜自己道德水平较高的个体在某些情境下做出的，如先前的不道德行为经验等均会易化后续不道德行为（Pagliaro et al.，2016；Welsh et al.，2015）。这就要求研究者在探讨不道德行为前因的同时，必须全面探讨不道德行为的心理后果，以更系统、更动态的视角理解不道德行为的螺旋上升机理（Bazerman & Gino，2012；Zhang et al.，2020）。本书关注的不道德行为对自我评价的影响，是个体内部自我监控系统的核心过程（Mazar et al.，2008）。个体在行为后阶段能够更加理性地反思其行为、感受其带来的心理影响，并为其后续不道德行为提供动机。因此，不道德行为与自尊的关系可能是双向影响的循环过程，值得后续研究深入探讨。例如，如果不道德行为对自尊有积极影响，则可能强化后续不道德行为；如果对自我评价有消极影响，则可能抑制后续的不道德行为。

（二）从动态视角解决了关于自尊作用的理论争议

研究 2 引入个体与社会互动的视角阐明了白尊的知觉基础问题，整合了该领域研究中一直存在的理论争议。如本书第一章所述，个体视角的研究认为能力在自尊中起主导作用（Wojciszke et al.，2011），尽管在某些情况下这些结果存在一些变异（Gebauer et al.，2013）。社会视角的研究认为，道德在自尊中起主导作用（Brambilla et al.，2013），或者至少它们同等重要（Marsh，1986）。近年来，有研究从动态视角通过区分自我的不同侧面，如通过区分自我的行动者和观察者两个视角（Hauke & Abele，2020）或区分个体自尊和集体自尊（Soral & Kofta，2020），以回应前人的争议。由于最优先、最主要激活的是主体我视角下的个体自尊（Nehrlich et al.，2019；Sedikides et al.，2011），因此，有必要探讨如何从主体我视角下的个体自尊层面解决前人研究的争议。尤其是，当道德信息和能力信息在提升自尊水平方面相悖时，这个问题就变得更为重要。由于自我是在个体与社会系统的社会互动过程中发展起来的（Crocker & Wolfe，2001；Mead，1934），因此，本书采用这种个体与社会互动的视角，证明了维护系统合理性的动机决定了自尊核心知觉基础。当系统合理化动机水平高时，道德知觉在自尊中起主导作用；而当系统合理化动机水平低时，能力知觉在自尊中起主导作用。本书从主体我视角下的个体自尊层面将相互冲突的观点整合到同一理论框架中，解决了前人研究的争议。

更为重要的是，本书从动态视角解读了自尊的双重功能，不仅回应了关于自尊作用的理论争议，更深化了关于自尊动机性、建构性本质的理解。如本书第一章所述，在既有理论中，有些从个体视角出发，强调自尊的超越他人功能（getting-ahead function）。例如，自我效能理论（Bandura，1982）、支配理论（Barkow，1980）和等级计量器理论（Mahadevan et al.，2016）等认为自尊是维持个体生存和促进目标实现的关键因素，因此部分研究者认为自尊的形成基于能力知觉。另一些理论则从社会视角出发，强调自尊的和睦共生功能（getting-along function）。例如，社会计量器理论（Leary，2012；Leary & Downs，1995）和恐惧管理理论（Greenberg et al.，1993）等认为，自尊是促进个体与社会和谐相处的关键因素，因此部分研究者认为自尊的形成应基于道德知觉。还有少量理论则同时关注自尊两方面的作用（Deci & Ryan，1995；Mahadevan et al.，2016）。然而，这些理论仅从静态视角理解自尊的本质和动机性作用，于是造成了理论取向的持久争论。本书提出并证明了对社会系统的合理化动机决定了自尊核心知觉基础，由此从动态视角整合了自尊的两种动机性功能。具体而言，自尊既包括指向内部的能动性本质，也包括指向外部的共生性本质，其在进化过程中分别起到促进个体超越他人和与社会联结共生的作用（Chan et al.，2019；Gebauer et al.，2015）。为了应对进化中不断出现的挑战，个体自尊的突出功能必须根据当下目标（维护当下社会系统合理性的动机）灵活改变，以满足个体生存与联结的双重需求。本书提出的动态视角让我们更聚焦于自尊作用的变化性而非其毕生的稳定性，更有利于揭示自尊发展的动机性、建构性本质（Mead，1934）。

此外，本书进一步推进了社会知觉领域的"拓展的双视角模型"（extended Dual Perspective Model，eDPM）（Hauke & Abele，2020）。根据"双视角模型"（Double Perspective Model，DPM）（Wojciszke et al.，2011），自我评价更多地由能力决定，而对他人的评价更多地由道德决定。eDPM从"行动者"和"观察者"两个视角来看待自我，将自我分为个体自我和社会自我（Mead，1934），并提出了作为行动者的个体自我（想要追求个体目标的"我"）与能力的关系更大，作为被观察者的自我（想要被他人喜欢和尊重的"我"）与道德的关系更大（Hauke & Abele，2020）。然而，这两种自我视角何时能被激活？这一点前人研究仍然没能解决。本书的研究结果表明，这可能取决于系统合理化动机水平的高低。当系统合理化动机水平高时，被观察者视角下的社会自我可以在维护现存社会制度的动机作用下被激活，道德在自我中的作用凸显。相反，当系统合理化动机水平低时，行动者视角下的个体自我在维护个人利益的动机作用下被激活，能力在自我中的作用进一步凸显。

（三）从动态视角整合了不道德行为领域的两个经典研究框架

研究 3 发现了不道德行为影响自尊的双路径权变机制，将不道德行为研究领域的目标实现框架和行为伦理学框架进行动态整合，系统地揭示了不道德行为的心理代价与收益的动态权衡过程，体现了个体超越他人及和睦共生两种基本需求的动态权衡。前人关于不道德行为的心理学研究均围绕两类主流框架展开：一类是基于行为伦理学框架，该框架下的研究有一个共同的假设，即认为个体积极自我评价以道德知觉为中心（Aquino & Reed，2002；Bazerman & Gino，2012）。该框架下的研究以解读不道德行为带来的道德知觉损失为主。另一类是目标实现框架，即把不道德行为看作目标追求与实现相关的行为，以解读不道德行为易化目标实现的收益为主（Ruedy et al.，2013；Zhang et al.，2020）。然而，如果仅从静态视角下的单一知觉路径研究不道德行为，不仅理论分析不全面，还会增加个体某方向态度的强度（Gollwitzer，2012）。只有从动态视角对两知觉路径同时分析时，才能反映不道德行为后的真实态度。因此，本书引入道德、能力两个基本知觉维度，同时引入反映个体维护当下社会整体稳定的系统合理化动机，揭示了不道德行为带来的心理代价与收益的动态权衡过程。本书建立了基于系统合理化动机的不道德行为影响自尊的双路径权变模型，即当个体为当前社会系统的制度和规则进行辩护时，不道德行为通过降低道德知觉水平来降低自尊水平，行为伦理学框架更具有解释力；而当维护社会系统运行的动机减弱、以自我服务的方式为个体利益辩护的动机增强时，不道德行为则通过提升能力知觉提升自尊水平，不道德行为的目标实现框架更具解释力。也就是说，只有同时探讨道德知觉和能力知觉在解读行为、自我评价中的权衡过程，才能兼顾个体的超越他人与和睦共生两种基本需求（Chan et al.，2019；Gebauer et al.，2015），进而更真实地揭示不道德行为的心理过程及其动态影响。

另外，本书拓展了与不道德行为相伴随的为自我服务的合理化方式。为了缓解道德失调并维护良好的自我形象（Barkan et al.，2012），个体会用各种自我服务的方式给自己的不道德行为寻找合理化的借口（Shalvi et al.，2015），如无意识归因、清洁、祈祷、推脱、道德许可、选择性遗忘（Kouchaki & Gino，2016）和结果利他性（Klein et al.，2017）等方式。本书的研究结果说明，个体较低的维护系统合理性的动机也可以作为不道德行为的合理化借口。一方面可以通过感知当下社会的不公正性，来降低自身不道德行为的代价（Hystad et al.，2014）；另一方面可以通过对当下社会系统规范的漠视，强化不道德行为的心理和物质收益，进而弥补自我评价的威胁。

（四）深化了系统合理化理论中关于系统内容的认识

本书对系统合理化理论有几方面的拓展。第一，本书拓展了我们对系统合理化与道德之间关系的理解，深化了系统合理化理论中关于被个体所维护的系统内容的认识。已有研究表明，为了维持现状的合法性和稳定性，个体会自欺欺人地压抑道德意识和道德愤怒，即使当下制度并非真正合理或公正（Tan et al.，2016；Wakslak et al.，2007）。与此相反，我们的研究结果表明，系统合理化动机会驱使人们内化和捍卫道德系统，并用之来评价自我价值。换言之，为了维持现有社会的有序运行和稳定，道德作为一套价值观和规范能够得到个体的内化和维护，以"调节或抑制个体私利，维护社会合作"（Haidt，2012：270；Voelkel & Brandt，2019）。我们的研究表明，系统合理化动机提供了一种积极的、内化的和真诚的道德维护手段，而不是消极的、表面的并带有"虚假意识"的自我欺骗手段（Jost et al.，2004；Osborne，Jost，et al.，2019）。因此，系统合理化动机不仅局限于为现有社会阶层系统如基于能力的精英主义意识形态辩护（Jost，2019；Jost & Hunyady，2005），也会为道德系统辩护，以增强对现有社会秩序合理性、合法性的维护。

　　第二，本书深化了对系统合理化动机与自尊关系的认识。我们发现，系统合理化动机实质上影响的是自尊的主要知觉基础问题，而非仅仅影响自尊的高低。前人关于系统合理化动机影响自尊的研究，其背后均存在一个相同的假设，即不管个体当下动机如何，自尊的知觉基础是固定不变的（McCoy et al.，2013；Rankin et al.，2009），因而他们仅对自尊水平进行了比较。本书认为，在研究系统合理化动机对自尊的影响时，脱离自尊的知觉基础，仅谈论自尊高低是不全面的，因为自我价值是通过多种途径实现的（Bai，2017；Brambilla & Leach，2014）。本书从实证上对前人的固定假设提出了挑战，证明了维护现有社会秩序正当性的动机不仅直接影响自尊水平，还会决定主导自尊的知觉基础。因此，系统合理化动机对自尊的影响是复杂的、多维的。忽视自尊的多维性本质会导致系统合理化动机对自尊影响的争议性结果（Jost & Thompson，2000；Vargas-Salfate et al.，2018），并阻碍寻找自尊核心知觉基础以采取有效措施提升个体自尊（Gebauer et al.，2013）。

　　第三，本书将系统合理化理论的研究范围从系统层面向下拓展到个体层面的自我评价标准问题。多年来，系统合理化研究主要关注群际问题，如刻板印象（Jost et al.，2005；Kay & Jost，2003）等，或系统层面的问题，如环境保护（Feygina et al.，2010）和腐败（Tan et al.，

2016，2017）等。然而，系统合理化研究中的一个重要局限是缺乏系统合理化动机对个体内部认知过程影响的实证研究。为了打破这一局限，本书指出，系统合理化动机决定了自尊的知觉基础。因此，本书在个体维护现有社会秩序合法性的动机与整体自我评价的知觉基础两个领域之间建立了理论联系。

第四，本书将系统合理化动机与不道德行为、自尊及道德、能力两个知觉维度建立联系，揭示了系统合理化动机对个体自我价值主要衡量维度的决定作用，第一次通过实验证明了系统的内生和外生威胁与个体反应的复杂关系。如第一章所述，关于个体对系统相关威胁的反应方式的争议问题，研究者虽提出了用外生和内生威胁区分负性事件和系统的关系（Feygina et al.，2010），但仍存在以下两个有待解决的问题：其一，由于对系统内涵界定不清，研究者没有清晰的标准来判断一个社会事件与系统的关系；其二，内生、外生威胁假设并没有在同一个研究中得到实证证明。本书通过区分能力知觉和道德知觉，界定了不同系统合理化水平的个体各自维护的系统内涵：高系统合理化个体维护和遵守社会系统运行的规则，维护以道德为核心内涵的系统（如研究 2 的结果所揭示的，道德知觉在自尊中的重要性随系统合理化水平的提升而提升）；低系统合理化的个体虽然不维护社会运行系统的规则，但他们维护以个人能力为核心内涵的价值系统（能力知觉在自尊中的重要性随系统合理化水平的降低而提升）。对于维护以道德为系统核心内涵的个体来说，不道德行为与系统的核心特征——道德相冲突，即被知觉为外生威胁，引发自尊水平降低；而对于不维护此系统而是提倡社会变革并维护以能力为系统核心内涵的个体来说，该行为则被视为系统内生威胁，其违反道德的一面则被忽视。而不道德行为易化了目标实现，符合该系统提倡的核心特征——能力，因此提升自尊水平。基于此，本书同时证明了社会事件与系统的内生、外生威胁关系假设。本书也进一步说明，负性事件与所维护的系统内核特征是否一致，是判断个体对负性事件做何反应的主要标准。

（五）深化了对社会知觉基本维度之间关系的认识

本书在一定程度上回应了社会知觉中道德知觉与能力知觉之间的关系

问题，这是存在于许多心理学分支领域中经典而活跃的理论争议（Abele & Wojciszke，2014）。一些研究认为，社会知觉的基本维度之间是正交关系（Abele，2003；Cuddy et al.，2009；Kervyn et al.，2013），有研究认为是正相关（Abele & Wojciszke，2007；Suitner & Maass，2008）或者负相关关系（Judd et al.，2005；Kervyn et al.，2012；Wojciszke，1994）。最近还有些研究表明，二者之间存在曲线关系（Imhoff & Koch，2017；Koch & Imhoff，2019）。我们的研究发现，虽然能力知觉和道德知觉在个体内部存在正相关，但随系统合理化动机的变化，二者在预测自尊中的重要性是负向变化的。这意味着当人们关注实际社会互动背景下的知觉时，两个基本维度之间的重要性可能存在负相关关系，类似于补偿效应中二者的关系。另外，Koch 和 Imhoff（2019）提出，除了以能力知觉为主的能动性（agency）知觉和以道德知觉为主的共生性（communion）知觉以外，社会认知的第三个维度可能是关于从保守到改革的信念（ABC 模型）。本书结果则为该模型三维度的存在及其关系提供了初步实证支持。

四　实践意义

本书的实践意义体现在以下几个方面。第一，本书的结果为构建和谐、有序、公正和法治的社会，以及防止不道德行为的产生提供了理论依据。本书以作为个体行为内部奖罚系统的自尊为切入点，分析不道德行为对自尊的影响，从社会心理学视角回答了如何增进个体内部自觉，为有效推进对腐败及其他不道德行为的标本兼治提供了科学依据。例如，就腐败这一严重问题，习近平总书记指出，深刻把握党风廉政建设规律，一体推进不敢腐、不能腐、不想腐。让党员干部因敬畏而"不敢"、因制度而"不能"、因觉悟而"不想"，从治标入手，把治本寓于治标之中。[①] 本书的研究结果表明，建成和谐、有序、公正和法治的社会，推进个体"不想"做不道德行为，可以从提高公民系统合理化动机水平的

---

① 《习近平在中共中央政治局第四十次集体学习时强调　提高一体推进"三不腐"能力和水平　全面打赢反腐败斗争攻坚战持久战》，https://news.cctv.com/2022/06/18/ARTIF 0VWKe02WBKHx1O0PMnp220618.shtml。

角度入手，以增加不道德行为带来的心理成本，让从事不道德行为的个体以自己的行为为耻、自尊受到严重威胁，进而形成对不道德行为自我监督、自我惩罚的机制。具体来说，一方面，可以通过建立公平公正的社会分配制度、建立平等的社会保障体系，倡导群体平等、善待弱势群体（Kay & Jost，2003；Wakslak et al.，2007），妥善应对并有效化解社会矛盾，积极维护良好社会秩序等方式，强化人们的系统合理化动机。另一方面，可以通过媒体播放潜逃国外的贪官回国自首的心路历程、披露腐败大案要案的推进过程与结果等方式，展现新时代反腐斗争持续发力、纵深推进的生动实践，强化大众关于社会公正的感知，增强大众的系统合理化意识，让大家意识到不道德行为的心理代价。最后，可以适当介绍当下社会面临的威胁与挑战，激发个体强烈的为系统辩护的系统合理化动机。

第二，本书为公民理性平和社会心态的培育研究提供了参考。研究2的结果表明，个体对社会系统的维护动机决定了他们在自我价值评价中使用的主要标准。实现社会心态的理性平和，能力和道德维度重要性的平衡很重要。了解二者发生的边界条件，可以帮助我们更深入地了解如何有针对性地强化某一方面的标准。一方面，为了促进公民积极奋进、推进以能力为基础的评价机制，尤其是在一些追求效率的组织中，管理者可以激发被管理者改变现状的动机。例如，可以加强员工的个人控制或为员工提供参与组织变革的机会（Kay & Friesen，2011）。另一方面，在社会治理中，为了引导公民以更加理性、更加平和的心态看待社会、对待他人，政府有必要加强公正、和谐的社会文化价值共识的塑造和公民系统合理化动机的提升等为主要内容的软治理，使社会成员内化并遵循社会价值体系，以促使个体在评价自我价值时更加重视道德这一评价维度，培育公民积极的社会心态，确保社会的稳定及正常运作。

第三，本书启发我们选人用人要坚持德才兼备的标准，谨慎制定仅以能力为核心的考核评价或激励体系，防止单纯能力导向背后潜在的长期代价。本书的研究结果显示，当个体维护社会系统动机水平低、倾向于以个体需求满足的方式合理化自己的行为时，个体可能通过不道德的手段增加目标实现的可能性、提升个体的能力知觉，但同时也会忽略自身能力的真正缺陷（Chance et al.，2011）。从长期来看，如果个人依赖于这种虚幻的能力知觉而没有真正提高自己的能力，可能会导致未来更大的失败，甚至导致他们做出更严重的不道德行为。因此，本书启发我们，在学校、组织的管理中，管理者要谨慎制定以绩效为唯一考核机制的考核体系，必须坚持德才兼备的用人标准。

第四，本书启发我们，在社会转型期必须处理好效率与公平的关系，以积极引导公民的价值体系建设及意义系统维护。社会核心价值观对道德或能力的倡导，直接影响着公民自我价值评价的评价维度，进而影响公民对不道德行为的理解、容忍度及参与程度。因此，社会治理需兼顾效率和公平，我们需要在谋求发展的同时，努力兼顾道德与公平。比如，在发展经济的同时大力推进反腐败斗争等。

五　局限和展望

本书还存在一些局限，但同时这些局限也为未来研究提供了可能的方向。首先，本书仅采用自我报告、特征评价的方式测量自尊、道德知觉和能力知觉。尽管这种方法很直接、很主流且运用广泛（Donnellan et al.，2011），我们仍希望在未来的研究中可以拓展其研究指标。一方面，未来的研究中可以将道德知觉、能力知觉的评价方法由认知拓展到行为层面，或者通过对行为的归因和描述来测量内隐评价（Kervyn et al.，2011），但需要先验证这些方法在自我评价上的可靠性；另一方面，关于自尊的测量方式，虽然我们在研究中主要使用了世界公认的、最为主流的罗森伯格量表，并且更换了其他量表对结果进行验证，但在以后的研究中还需尽可能多地探索更巧妙的、非自我报告的测量方法，以验证结果的稳健性。其次，有研究发现，系统合理化动机水平及其内容可能存在一定的文化差异性（Osborne et al.，2017；Osborne，Jost，et al.，2019），后续研究需要进一步探索该结果的跨文化普适性。

第七章

本书结论

　　本书通过三个研究揭示了不道德行为影响自尊的双路径权变心理机制。研究发现，不道德行为并不是简单地提升或降低自尊水平，而是通过道德知觉与能力知觉两条相对对立的心理路径之间的相互权衡及相互抑制来影响自尊，其权衡的关键取决于系统合理化动机水平。系统合理化动机不仅调节了不道德行为影响道德知觉和能力知觉的相对强度，也调节了道德知觉和能力知觉共同影响自尊时的相对强度。因此，系统合理化动机在不道德行为影响自尊的过程中起到了调节作用，并决定了道德知觉与能力知觉作为双路径机制的相对凸显性。具体而言，在高系统合理化动机水平下，道德知觉路径得到凸显，不道德行为通过降低个体道德知觉水平进而降低自尊水平；相反，在低系统合理化动机情况下，能力知觉路径得到凸显，不道德行为通过提升个体能力知觉进而提升自尊水平。

参考文献

杨沈龙、郭永玉、胡小勇、舒首立、李静，2016，《低阶层者的系统合理化水平更高吗？——基于社会认知视角的考察》，《心理学报》第 48 卷第 11 期，第 1467～1478 页。

杨沈龙、郭永玉、喻丰、饶婷婷、赵靓、许丽颖，2018，《系统合理化何以形成——三种不同的解释视角》，《心理科学进展》第 26 卷第 12 期，第 2238～2248 页。

Abele, A. E. (2003). The dynamics of masculine-agentic and feminine-communal traits: Findings from a prospective study. *Journal of Personality and Social Psychology*, 85 (4), 768–776.

Abele, A. E., Cuddy, A. J. C., Judd, C. M., & Yzerbyt, V. Y. (2008). Fundamental dimensions of social judgment. *European Journal of Social Psychology*, 38 (7), 1063–1065.

Abele, A. E., & Hauke, N. (2020). Comparing the facets of the Big Two in global evaluation of self versus other people. *European Journal of Social Psychology*, 50 (5), 969–982.

Abele, A. E., Hauke, N., Peters, K., Louvet, E., Szymkow, A., & Duan, Y. (2016). Facets of the fundamental content dimensions: Agency with competence and assertiveness—Communion with warmth and morality. *Frontiers in Psychology*, 7, 1810.

Abele, A. E., & Wojciszke, B. (2007). Agency and communion from the perspective of self versus others. *Journal of Personality and Social Psychology*, 93 (5), 751–763.

Abele, A. E., & Wojciszke, B. (2014). Communal and agentic content: A dual perspective model. *Advances in Experimental Social Psychology*, 50, 195–255.

Abeler, J., Becker, A., & Falk, A. (2014). Representative evidence on lying costs. *Journal of Public Economics*, 113, 96 – 104.

Aiken, L. S. , & West, S. G. (1991). *Multiple regression: Testing and interpreting interactions*. Thousand Oaks, CA: Sage.

Allingham, M. G. , & Sandmo, A. (1972). Income tax evasion: A theoretical analysis. *Journal of Public Economics*, 1 (3), 323 – 338.

Allport, G. W. (1955). *Becoming: Basic considerations for a psychology of personality*. New Haven, CT: Yale University Press.

Anderson, C. , Hildreth, J. A. D. , & Howland, L. (2015). Is the desire for status a fundamental human motive? A review of the empirical literature. *Psychological Bulletin*, 141 (3), 574 – 601.

Anderson, C. , & Kilduff, G. J. (2009). The pursuit of status in social groups. *Current Directions in Psychological Science*, 18 (5), 295 – 298.

Angleitner, A. , & Demtröder, A. I. (1988). Acts and dispositions: A reconsideration of the act frequency approach. *European Journal of Personality*, 2 (2), 121 – 141.

Aquino, K. , & Reed, A. II. (2002). The self-importance of moral identity. *Journal of Personality and Social Psychology*, 83 (6), 1423 – 1440.

Arkes, H. R. , Joyner, C. A. , Pezzo, M. V. , Nash, J. G. , Siegel-Jacobs, K. , & Stone, E. (1994). The psychology of windfall gains. *Organizational Behavior and Human Decision Processes*, 59 (3), 331 – 347.

Arkin, R. M. , Appelman, A. J. , & Burger, J. M. (1980). Social anxiety, self-presentation, and the self-serving bias in causal attribution. *Journal of Personality and Social Psychology*, 38 (1), 23 – 35.

Aronson, E. , & Mettee, D. R. (1968). Dishonest behavior as a function of differential levels of induced self-esteem. *Journal of Personality and Social Psychology*, 9 (2), 121 – 127.

Aronson, E. , Wilson, T. D. , & Brewer, M. B. (1998). Experimentation in social psychology. In D. T. Gilbert, S. T. Fiske, & G. Lindzey (Eds.), *The handbook of social psychology* (4th ed. , Vol. 1, pp. 99 – 142). New York, NY: McGraw-Hill.

Ayal, S. , & Gino, F. (2011). Honest rationales for dishonest behavior. In M. Mikulincer & P. R. Shaver (Eds.), *The social psychology of morality: Exploring the causes of good and evil* (pp. 149 – 166). Washington, DC: American Psychological Association.

Azen, R. , & Budescu, D. V. (2003). The dominance analysis approach for comparing predictors in multiple regression. *Psychological Methods*, 8 (2), 129 – 148.

Błachnio, A. , & Weremko, M. (2012). Academic cheating is contagious: The influence of the presence of others on honesty. A study report. *International Journal of Applied Psychology*, 1 (1), 14 – 19.

Bahamondes, J. , Sibley, C. G. , & Osborne, D. (2019). "We look (and feel) better through system-justifying lenses": System-justifying beliefs attenuate the well-being gap between the advantaged and disadvantaged by reducing perceptions of discrimination. *Personality and Social Psychology Bulletin*, 45 (9), 1391 – 1408.

Bai, F. (2017). Beyond dominance and competence: A moral virtue theory of status attainment. *Personality and Social Psychology Review*, 21 (3), 203 – 227.

Bai, F. , Ho, G. C. C. , & Yan, J. (2020). Does virtue lead to status? Testing the moral virtue theory of status attainment. *Journal of Personality and Social Psychology*, 118 (3), 501 – 531.

Bakan, D. (1966). *The duality of human existence*. Reading, PA: Addison-Wesley.

Bandura, A. (1982). Self-efficacy mechanism in human agency. *American Psychologist*, 37 (2), 122 – 147.

Bargh, J. A. (1990). Auto-motives: Preconscious determinants of social interaction. In E. T. Higgins, & R. M. Sorrentino (Eds.), *Handbook of motivation and cognition* (Vol. 2, pp. 93 – 130). New York: Guilford.

Barkan, R. , Ayal, S. , & Ariely, D. (2015). Ethical dissonance, justifications, and moral behavior. *Current Opinion in Psychology*, 6, 157 – 161.

Barkan, R. , Ayal, S. , Gino, F. , & Ariely, D. (2012). The pot calling the kettle black: Distancing response to ethical dissonance. *Journal of Experimental Psychology: General*, 141 (4), 757 – 773.

Barkow, J. (1980). Prestige and self – esteem: A biosocial interpretation. In D. R. Omark, F. F. Strayer, & D. G. Freedman (Eds.), *Dominance relations: An ethological view of human conflict and social interaction* (pp. 319 – 332). New York, NY: Garland STPM Press.

Baron, J. , & Spranca, M. (1997). Protected values. *Organizational Behavior and Human Decision Processes*, 70 (1), 1 – 16.

Barsky, A. (2008). Understanding the ethical cost of organizational goal-setting: A review and theory development. *Journal of Business Ethics*, 81 (1), 63 – 81.

Baumeister, R. F. (1998). The self. In D. T. Gilbert, S. T. Fiske, & G. Lindzey (Eds.), *The handbook of social psychology* (4th ed. , pp. 680 – 740). New York, NY: McGraw-Hill.

Baumeister, R. F., Campbell, J. D., Krueger, J. I., & Vohs, K. D. (2003). Does high self-esteem cause better performance, interpersonal success, happiness, or healthier lifestyles? *Psychological Science in the Public Interest*, 4 (1), 1 –44.

Baumeister, R. F., & Exline, J. J. (1999). Virtue, personality, and social rela-tions: Self-control as the moral muscle. *Journal of Personality*, 67 (6), 1165 – 1194.

Baumeister, R. F., Heatherton, T. F., & Tice, D. M. (1993). When ego threats lead to self-regulation failure: Negative consequences of high self-esteem. *Journal of Person-ality and Social Psychology*, 64 (1), 141 –156.

Bazerman, M. H., & Gino, F. (2012). Behavioral ethics: Toward a deeper under-standing of moral judgment and dishonesty. *Annual Review of Law and Social Science*, 8, 85 – 104.

Becker, G. S. (1968). Crime and punishment: An economic approach. *Journal of Po-litical Economy*, 76 (2), 169 –217.

Bendersky, C., & Shah, N. P. (2012). The cost of status enhancement: Perform-ance effects of individuals' status mobility in task groups. *Organization Science*, 23 (2), 308 –322.

Bi, C., Ybarra, O., & Zhao, Y. (2013). Accentuating your masculine side: Agentic traits generally dominate self-evaluation, even in China. *Social Psychology*, 44 (2), 103 –108.

Blaine, B., & Crocker, J. (1993). Self-esteem and self-serving biases in reactions to positive and negative events: An integrative review. In R. Baumeister (Ed.), *Self-es-teem: The puzzle of low self-regard* (pp. 55 –85). New York, NY: Plenum Press.

Blasi, G., & Jost, J. T. (2006). System justification theory and research: Implications for law, legal advocacy, and social justice. *California Law Review*, 94 (4), 1119 –1168.

Bénabou, R., & Tirole, J. (2006). Incentives and prosocial behavior. *American Economic Review*, 96 (5), 1652 –1678.

Bonanno, G. A., & Jost, J. T. (2006). Conservative shift among high-exposure survi-vors of the September 11th terrorist attacks. *Basic and Applied Social Psychology*, 28 (4), 311 –323.

Borghuis, J., Denissen, J., Oberski, D., Sijtsma, K., Meeus, W., & Bran-je, S. et al. (2017). Big Five personality stability, change, and codevelopment across adolescence and early adulthood. *Journal of Personality and Social Psychology*, 113 (4), 641 –657.

Borkenau, P. (1986). Toward an understanding of trait interrelations: Acts as instances for several traits. *Journal of Personality and Social Psychology*, 51 (2), 371 – 381.

Brambilla, M., & Leach, C. W. (2014). On the importance of being moral: The distinctive role of morality in social judgment. *Social Cognition*, 32 (4), 397 – 408.

Brambilla, M., Rusconi, P., Sacchi, S., & Cherubini, P. (2011). Looking for honesty: The primary role of morality (vs. sociability and competence) in information gathering. *European Journal of Social Psychology*, 41 (2), 135 – 143.

Brambilla, M., Sacchi, S., Pagliaro, S., & Ellemers, N. (2013). Morality and intergroup relations: Threats to safety and group image predict the desire to interact with outgroup and ingroup members. *Journal of Experimental Social Psychology*, 49 (5), 811 – 821.

Brewer, M. B. (1979). In-group bias in the minimal intergroup situation: A cognitive-motivational analysis. *Psychological Bulletin*, 86 (2), 307 – 324.

Buckley, M. R., Wiese, D. S., & Harvey, M. G. (1998). An investigation into the dimensions of unethical behavior. *Journal of Education for Business*, 73 (5), 284 – 290.

Budescu, D. V. (1993). Dominance analysis: A new approach to the problem of relative importance of predictors in multiple regression. *Psychological Bulletin*, 114 (3), 542 – 551.

Cacioppo, J. T., Petty, R. E., Feinstein, J. A., & Jarvis, W. B. G. (1996). Dispositional differences in cognitive motivation: The life and times of individuals varying in need for cognition. *Psychological Bulletin*, 119 (2), 197 – 253.

Campbell, E. Q. (1964). The internalization of moral norms. *Sociometry*, 27 (4), 391 – 412.

Campbell, W. K., Rudich, E. A., & Sedikides, C. (2002). Narcissism, self-esteem, and the positivity of self-views: Two portraits of self-love. *Personality and Social Psychology Bulletin*, 28 (3), 358 – 368.

Campbell, W. K., & Sedikides, C. (1999). Self-threat magnifies the self-serving bias: A meta-analytic integration. *Review of General Psychology*, 3 (1), 23 – 43.

Chaiken, S., Giner-Sorolla, R., & Chen, S. (1996). Beyond accuracy: Defense and impression motives in heuristic and systematic information processing. In P. M. Gollwitzer & J. A. Bargh (Eds.), *The psychology of action: Linking cognition and motivation to behavior* (pp. 553 – 578). New York, NY: Guilford Press.

Chance, Z., Norton, M. I., Gino, F., & Ariely, D. (2011). Temporal view of the costs and benefits of self-deception. *Proceedings of the National Academy of Sciences*, 108 (3), 15655 – 15659.

Chan, G. K. Y. (2008). The relevance and value of Confucianism in contemporary business ethics. *Journal of Business Ethics*, 77 (3), 347 – 360.

Chang, L., & Arkin, R. M. (2002). Materialism as an attempt to cope with uncertainty. *Psychology & Marketing*, 19 (5), 389 – 406.

Chan, T., Wang, I., & Ybarra, O. (2019). Connect and strive to survive and thrive: The evolutionary meaning of communion and agency. In A. E. Abele & B. Wojciszke (Eds.), *Agency and communion in social psychology* (pp. 13 – 24). London, UK: Routledge.

Chartrand, T. L., & Bargh, J. A. (1996). Automatic activation of impression formation and memorization goals: Nonconscious goal priming reproduces effects of explicit task instructions. *Journal of Personality and Social Psychology*, 71 (3), 464 – 478.

Christie, A. M., & Barling, J. (2009). Disentangling the indirect links between socioeconomic status and health: The dynamic roles of work stressors and personal control. *Journal of Applied Psychology*, 94 (6), 1466 – 1478.

Cichocka, A., & Jost, J. T. (2014). Stripped of illusions? Exploring system justification processes in capitalist and post-Communist societies. *International Journal of Psychology*, 49 (1), 6 – 29.

Cislak, A., & Wojciszke, B. (2008). Agency and communion are inferred from actions serving interests of self or others. *European Journal of Social Psychology*, 38 (7), 1103 – 1110.

Cohen, J. (1992). A power primer. *Psychological Bulletin*, 112 (1), 155 – 159.

Cooper, J., & Duncan, B. L. (1971). Cognitive dissonance as a function of self-esteem and logical inconsistency. *Journal of Personality*, 39 (2), 289 – 302.

Covington, M. V., & Beery, R. G. (1976). *Self-worth and school learning*. New York, NY: Holt, Rinehart & Winston.

Crocker, J. (2002). The costs of seeking self-esteem. *Journal of Social Issues*, 58 (3), 597 – 615.

Crocker, J., & Wolfe, C. T. (2001). Contingencies of self-worth. *Psychological Review*, 108 (3), 593 – 623.

Crowne, D. P., & Marlowe, D. (1960). A new scale of social desirability independent of psychopathology. *Journal of Consulting Psychology*, 24 (4), 349 – 354.

Côté, S., Gyurak, A., & Levenson, R. W. (2010). The ability to regulate emotion is associated with greater well-being, income, and socioeconomic status. *Emotion*, 10

(6), 923 – 933.

Cuddy, A. J. C. , Fiske, S. T. , Kwan, V. S. Y. , Glick, P. , Demoulin, S. , Leyens, J. P. , …, & Ziegler, R. (2009). Stereotype content model across cultures: Towards universal similarities and some differences. *British Journal of Social Psychology*, 48 (1), 1 – 33.

Cutright, K. M. , Wu, E. C. , Banfield, J. C. , Kay, A. C. , & Fitzsimons, G. J. (2011). When your world must be defended: Choosing products to justify the system. *Journal of Consumer Research*, 38 (1), 62 – 77.

Dahlsgaard, K. , Peterson, C. , & Seligman, M. E. P. (2005). Shared virtue: The convergence of valued human strengths across culture and history. *Review of General Psychology*, 9 (3), 203 – 213.

Dang, J. , Liu, L. , Ren, D. , & Gu, Z. (2018a). "Groupy" allies are more beneficial while "groupy" enemies are more harmful. *Social Psychological and Personality Science*, 9 (8), 925 – 934.

Dang, J. , Liu, L. , Ren, D. , & Su, Q. (2018b). Polarization and positivity effects: Divergent roles of group entitativity in warmth and competence judgments. *Journal of Experimental Social Psychology*, 74, 74 – 84.

Deci, E. L. , & Ryan, R. M. (1995). Human autonomy: The basis for true self-esteem. In M. H. Kernis (Ed.), *Efficacy, agency, and self-esteem* (pp. 31 – 49). New York, NY: Plenum Press.

Delery, J. E. , & Doty, D. H. (1996). Modes of theorizing in strategic human resource management: Test of universalistic, contingency, and configurational performance predictions. *Academy of Management Journal*, 39, 802 – 835.

Demo, D. H. (1985). The measurement of self-esteem: Refining our methods. *Journal of Personality and Social Psychology*, 48 (6), 1490 – 1502.

DePalma, M. T. , Madey, S. F. , & Bornschein, S. (1995). Individual differences and cheating behavior: Guilt and cheating in competitive situations. *Personality and Individual Differences*, 18 (6), 761 – 769.

de Quervain, D. J. , Fischbacher, U. , Treyer, V. , Schellhammer, M. , …, & Fehr, E. (2004). The neural basis of altruistic punishment. *Science*, 305 (5688), 1254 – 1258.

Diekmann, A. , Przepiorka, W. , & Rauhut, H. (2015). Lifting the veil of ignorance: An experiment on the contagiousness of norm violations. *Rationality and Society*, 27 (3), 309 – 333.

Diener, E. , & Diener, M. （1995）. Cross-cultural correlates of life satisfaction and self-esteem. *Journal of Personality and Social Psychology*, 68 （4）, 653 – 663.

Donnellan, M. B. , Trzesniewski, K. H. , & Robins, R. W. （2011）. Self-esteem: Enduring issues and controversies. In T. Chamorro-Premuzic, S. von Stumm, & A. Furnham （Eds. ）, *The Wiley-Blackwell handbook of individual differences* （pp. 718 – 746） . Chichester, UK: Wiley-Blackwell.

Donnellan, M. B. , Trzesniewski, K. H. , Robins, R. W. , Moffitt, T. E. , & Caspi, A. （2005）. Low self-esteem is related to aggression, antisocial behavior, and delinquency. *Psychological Science*, 16 （4）, 328 – 335.

Dubois, D. , Rucker, D. D. , & Galinsky, A. D. （2015）. Social class, power, and selfishness: When and why upper and lower class individuals behave unethically. *Journal of Personality and Social Psychology*, 108 （3）, 436 – 449.

Duval, S. , & Wicklund, R. A. （1972）. *A theory of objective self awareness*. New York, NY: Academic Press.

Edwards, J. R. , & Lambert, L. S. （2007）. Methods for integrating moderation and mediation: A general analytical framework using moderated path analysis. *Psychological Methods*, 12 （1）, 1 – 22.

Eisenberg, N. （2000）. Emotion, regulation, and moral development. *Annual Review of Psychology*, 51 （1）, 665 – 697.

Ellemers, N. , Pagliaro, S. , Barreto, M. , & Leach, C. W. （2008）. Is it better to be moral than smart? The effects of morality and competence norms on the decision to work at group status improvement. *Journal of Personality and Social Psychology*, 95 （6）, 1397 – 1410.

Elliot, A. J. , & Devine, P. G. （1994）. On the motivational nature of cognitive dissonance: Dissonance as psychological discomfort. *Journal of Personality and Social Psychology*, 67 （3）, 382 – 394.

Faul, F. , Erdfelder, E. , Lang, A. – G. , & Buchner, A. （2007）. G* Power 3: A flexible statistical power analysis program for the social, behavioral, and biomedical sciences. *Behavior Research Methods*, 39 （2）, 175 – 191.

Festinger, L. （1957）. *A theory of cognitive dissonance*. Stanford, California: Stanford University Press.

Festinger, L. , & Carlsmith, J. M. （1959）. Cognitive consequences of forced compliance. *Journal of Abnormal and Social Psychology*, 58 （2）, 203 – 210.

Feygina, I. , Jost, J. T. , & Goldsmith, R. E. （2010） . System justification, the denial of global warming, and the possibility of "system-sanctioned change". *Personality and Social Psychology Bulletin*, 36 (3), 326 – 338.

Fischbacher, U., & Föllmi-Heusi, F. (2013). Lies in disguise—An experimental study on cheating. *Journal of the European Economic Association*, 11 (3), 525 – 547.

Fiske, S. T., Cuddy, A. J. C., Glick, P., & Xu, J. (2002). A model of (often mixed) stereotype content: Competence and warmth respectively follow from perceived status and competition. *Journal of Personality and Social Psychology*, 82 (6), 878 – 902.

Fraley, R. C., & Roberts, B. W. (2005). Patterns of continuity: A dynamic model for conceptualizing the stability of individual differences in psychological constructs across the life course. *Psychological Review*, 112 (1), 60 – 74.

Franks, D. D., & Marolla, J. (1976). Efficacious action and social approval as interacting dimensions of self-esteem: A tentative formulation through construct validation. *Sociometry*, 39 (4), 324 – 341.

Gaucher, D., & Jost, J. T. (2011). Difficulties awakening the sense of injustice and overcoming oppression: On the soporific effects of system justification. In P. T. Coleman (Ed.), *Conflict, interdependence, and justice: The intellectual legacy of Morton Deutsch* (pp. 227 – 246). New York, NY: Springer.

Gausel, N., & Leach, C. W. (2011). Concern for self-image and social image in the management of moral failure: Rethinking shame. *European Journal of Social Psychology*, 41 (4), 468 – 478.

Gebauer, J. E., Sedikides, C., Wagner, J., Bleidorn, W., Rentfrow, P. J., Potter, J., & Gosling, S. D. (2015). Cultural norm fulfillment, interpersonal belonging, or getting ahead? A large-scale cross-cultural test of three perspectives on the function of self-esteem. *Journal of Personality and Social Psychology*, 109 (3), 526 – 548.

Gebauer, J. E., Wagner, J., Sedikides, C., & Neberich, W. (2013). Agency-communion and self-esteem relations are moderated by culture, religiosity, age, and sex: Evidence for the "self-centrality breeds self-enhancement" principle. *Journal of Personality*, 81 (3), 261 – 275.

Gecas, V. (1971). Parental behavior and dimensions of adolescent self-evaluation. *Sociometry*, 34 (4), 466 – 482.

Gecas, V. (1982). The self-concept. *Annual Review of Sociology*, 8, 1 – 33.

Gecas, V., & Schwalbe, M. L. (1983). Beyond the looking-glass self: Social structure and efficacy-based self-esteem. *Social Psychology Quarterly*, 46 (2), 77 – 88.

Gecas, V. , & Seff, M. A. (1989). Social class, occupational conditions, and self-esteem. *Sociological Perspectives*, 32 (3), 353 – 364.

Gino, F. (2015). Understanding ordinary unethical behavior: Why people who value morality act immorally. *Current Opinion in Behavioral Sciences*, 3, 107 – 111.

Gino, F. , Ayal, S. , & Ariely, D. (2009). Contagion and differentiation in unethical behavior: The effect of one bad apple on the barrel. *Psychological Science*, 20 (3), 393 – 398.

Gino, F. , Ayal, S. , & Ariely, D. (2013). Self-serving altruism? The lure of unethical actions that benefit others. *Journal of Economic Behavior & Organization*, 93, 285 – 292.

Gino, F. , & Bazerman, M. H. (2009). When misconduct goes unnoticed: The acceptability of gradual erosion in others' unethical behavior. *Journal of Experimental Social Psychology*, 45 (4), 708 – 719.

Gino, F. , & Pierce, L. (2009). Dishonesty in the name of equity. *Psychological Science*, 20 (9), 1153 – 1160.

Glass, D. C. (1964). Changes in liking as a means of reducing cognitive discrepancies between self-esteem and aggression. *Journal of Personality*, 32 (4), 531 – 549.

Godfrey, E. B. , Santos, C. E. , & Burson, E. (2019). For better or worse? System-justifying beliefs in sixth-grade predict trajectories of self-esteem and behavior across early adolescence. *Child Development*, 90 (1), 180 – 195.

Gollwitzer, P. M. (2012). Mindset theory of action phases. In P. A. M. van Lange, A. W. Kruglanski, & E. T. Higgins (Eds.), *Handbook of theories of social psychology* (pp. 526 – 545). London, UK: Sage.

Gollwitzer, P. M. (1990). Action phases and mindsets. In E. T. Higgins & R. M. Sorrentino (Eds.), *Handbook of motivation and cognition: Foundations of social behavior* (pp. 53 – 92). New York, NY: Guilford Press.

Goodwin, G. P. , Piazza, J. , & Rozin, P. (2014). Moral character predominates in person perception and evaluation. *Journal of Personality and Social Psychology*, 106 (1), 148 – 168.

Grant, A. M. (2013). *Give and take: A revolutionary approach to success*. New York, NY: Penguin Group.

Gray, K. , Young, L. , & Waytz, A. (2012). Mind perception is the essence of morality. *Psychological Inquiry*, 23 (2), 101 – 124.

Greenberg, J. , Pyszczynski, T. , Solomon, S. , Pinel, E. , Simon, L. , & Jordan, K. (1993). Effects of self-esteem on vulnerability-denying defensive distortions: Further evidence of an anxiety-buffering function of self-esteem. *Journal of Experimental Social Psychology*, 29 (3), 229 – 251.

Gruenewald, T. L. , Kemeny, M. E. , Aziz, N. , & Fahey, J. L. (2004). Acute threat to the social self: Shame, social self-esteem, and cortisol activity. *Psychosomatic Medicine*, 66 (6), 915 – 924.

Haidt, J. (2012). *The righteous mind: Why good people are divided by politics and religion.* New York, NY: Pantheon Books.

Hales, S. (1980). A developmental model of self-esteem based on competence and mo-ral behavior: A longitudinal and cross-sectional analysis. *PhD thesis.* California University, Berkeley.

Harman, H. H. (1976). *Modern factor analysis* (3rd ed.). Chicago, IL: The University of Chicago Press.

Harris, M. A. , Donnellan, M. B. , & Trzesniewski, K. (2018). The lifespan self-esteem scale: Initial validation of a new measure of global self-esteem. *Journal of Personality Assessment*, 100 (1), 84 – 95.

Harter, S. (1978). Effectance motivation reconsidered: Toward a developmental model. *Human Development*, 21 (1), 34 – 64.

Hart, J. , Shaver, P. R. , & Goldenberg, J. L. (2005). Attachment, self-esteem, worldviews, and terror management: Evidence for a tripartite security system. *Journal of Personality and Social Psychology*, 88 (6), 999 – 1013.

Hauke, N. , & Abele, A. E. (2020). Two faces of the self: Actor-self perspective and observer-self perspective are differentially related to agency versus communion. *Self and Identity*, 19 (3), 346 – 368.

Hayes, A. F. (2013). *Introduction to mediation, moderation, and conditional process analysis: A regression-based approach.* New York, NY: Guilford Press.

Hays, R. D. , Hayashi, T. , & Stewart, A. L. (1989). A five-item measure of socially desirable response set. *Educational and Psychological Measurement*, 49 (3), 629 – 636.

Heatherton, T. F. , & Polivy, J. (1991). Development and validation of a scale for measuring state self-esteem. *Journal of Personality and Social Psychology*, 60 (6), 895 – 910.

Hechter, M. (1990). The attainment of solidarity in intentional communities. *Rationality and Society*, 2 (2), 142 – 155.

Hennes, E. P. , Nam, H. H. , Stern, C. , & Jost, J. T. (2012). Not all ideologies are created equal: Epistemic, existential, and relational needs predict system-justifying attitudes. *Social Cognition*, 30 (6), 669 – 688.

Henrich, J. , Boyd, R. , Bowles, S. , Camerer, C. , Fehr, E. , Gintis, H. , & McElreath, R. (2001). Cooperation, reciprocity and punishment in fifteen small-scale societies. *American Economic Review*, 91 (2), 73 – 78.

Herath, D. , Lindberg, J. , & Orjuela, C. (2019). Swimming upstream: Fighting systemic corruption in Sri Lanka. *Contemporary South Asia*, 27 (2), 259 – 272.

Hewstone, M. , Rubin, M. , & Willis, H. (2002). Intergroup bias. *Annual Review of Psychology*, 53 (1), 575 – 604.

Higgins, E. T. (1989). Self-discrepancy theory: What patterns of self- beliefs cause people to suffer? In L. berkowitz (Ed.), *Advance in experimental social psychology* (pp. 93 – 136). New York: Academic Press.

Hilbig, B. E. , & Hessler, C. M. (2013). What lies beneath: How the distance between truth and lie drives dishonesty. *Journal of Experimental Social Psychology*, 49 (2), 263 – 266.

Hilbig, B. E. , & Thielmann, I. (2017). Does everyone have a price? On the role of payoff magnitude for ethical decision making. *Cognition*, 163, 15 – 25.

Hogan, R. (1983). A socioanalytic theory of personality. In M. Page (Ed.), *Nebraska Symposium on Motivation: Personality—Current theory and research* (Vol. 30, pp. 55 – 89). Lincoln, NE: University of Nebraska Press.

Howard, J. A. (1984). The "normal" victim: The effects of gender stereotypes on reactions to victims. *Social Psychology Quarterly*, 47 (3), 270 – 281.

Hässler, T. , Shnabel, N. , Ullrich, J. , Arditti-Vogel, A. , & Siman Tov-Nachlieli, I. (2019). Individual differences in system justification predict power and morality-related needs in advantaged and disadvantaged groups in response to group disparity. *Group Processes & Intergroup Relations*, 22 (5), 746 – 766.

Hystad, S. W. , Mearns, K. J. , & Eid, J. (2014). Moral disengagement as a mechanism between perceptions of organisational injustice and deviant work behaviours. *Safety Science*, 68, 138 – 145.

Imhoff, R. , & Koch, A. (2017). How orthogonal are the Big Two of social perception? On the curvilinear relation between agency and communion. *Perspectives on Psychological Science*, 12 (1), 122 – 137.

Ip, P. K. (2009). Is Confucianism good for business ethics in China? *Journal of Business Ethics*, 88 (3), 463 – 476.

Isaksen, K. J., & Roper, S. (2012). The commodification of self-esteem: Branding and british teenagers. *Psychology & Marketing*, 29 (3), 117 – 135.

James, W. (1890). *The principles of psychology*. New York: Henry Holt and Company the Principles of Psychology.

James, W. (1893). *The principles of psychology* (Vol. 1). Cambridge, MA: Harvard University Press.

Jiang, J., Zhang, Y., Ke, Y., Hawk, S. T., & Qiu, H. (2015). Can't buy me friendship? Peer rejection and adolescent materialism: Implicit self-esteem as a mediator. *Journal of Experimental Social Psychology*, 58, 48 – 55.

Johnston, M. (2012). Corruption control in the United States: Law, values, and the political foundations of reform. *International Review of Administrative Sciences*, 78 (2), 329 – 345.

Jones, T. M. (1991). Ethical decision making by individuals in organizations: An issue-contingent model. *Academy of Management Review*, 16 (2), 366 – 395.

Jordan, J., Leliveld, M. C., & Tenbrunsel, A. E. (2015). The moral self-image scale: Measuring and understanding the malleability of the moral self. *Frontiers in Psychology*, 6, 1878.

Jost, J. T. (2001). Outgroup favoritism and the theory of system justification: An experimental paradigm for investigating the effects of socio-economic success on stereotype content. In G. Moskowitz (Ed.), *Cognitive social psychology: The Princeton symposium on the legacy and future of social cognition* (pp. 89 – 102). Mahwah, NJ: Erlbaum.

Jost, J. T. (2017). Ideological asymmetries and the essence of political psychology. *Political Psychology*, 38 (2), 167 – 208.

Jost, J. T. (2019). A quarter century of system justification theory: Questions, answers, criticisms, and societal applications. *British Journal of Social Psychology*, 58 (2), 263 – 314.

Jost, J. T., & Banaji, M. R. (1994). The role of stereotyping in system-justification and the production of false consciousness. *British Journal of Social Psychology*, 33 (1), 1 – 27.

Jost, J. T., Banaji, M. R., & Nosek, B. A. (2004). A decade of system justification theory: Accumulated evidence of conscious and unconscious bolstering of the status quo. *Political Psychology*, 25 (6), 881 – 919.

Jost, J. T., Becker, J., Osborne, D., & Badaan, V. (2017). Missing in (collective) action: Ideology, system justification, and the motivational antecedents of two types of protest behavior. *Current Directions in Psychological Science*, 26 (2), 99 – 108.

Jost, J. T., Blount, S., Pfeffer, J., & Hunyady, G. (2003). Fair market ideology: Its cognitive motivational underpinnings. *Research in Organizational Behavior*, 25, 53 – 91.

Jost, J. T., & Burgess, D. (2000). Attitudinal ambivalence and the conflict between group and system justification motives in low status groups. *Personality and Social Psychology Bulletin*, 26 (3), 293 – 305.

Jost, J. T., Burgess, D., & Mosso, C. (2001). Conflicts of legitimation among self, group, and system: The integrative potential of system justification theory. In J. T. Jost, & B. Major (Eds.), *The psychology of legitimacy: Emerging perspectives on ideology, justice, and intergroup relations* (pp. 363 – 388). New York, NY: Cambridge University Press.

Jost, J. T., Chaikalis-Petritsis, V., Abrams, D., Sidanius, J., van der Toorn, J., & Bratt, C. (2012). Why men (and women) do and don't rebel: Effects of system justification on willingness to protest. *Personality and Social Psychology Bulletin*, 38 (2), 197 – 208.

Jost, J. T., Glaser, J., Kruglanski, A. W., & Sulloway, F. J. (2003). Political conservatism as motivated social cognition. *Psychological Bulletin*, 129 (3), 339 – 375.

Jost, J. T., & Hunyady, O. (2005). Antecedents and consequences of system-justifying ideologies. *Current Directions in Psychological Science*, 14 (5), 260 – 265.

Jost, J. T., & Kay, A. C. (2005). Exposure to benevolent sexism and complementary gender stereotypes: Consequences for specific and diffuse forms of system justification. *Journal of Personality and Social Psychology*, 88 (3), 498 – 509.

Jost, J. T., Kivetz, Y., Rubini, M., Guermandi, G., & Mosso, C. (2005). System-justifying functions of complementary regional and ethnic stereotypes: Cross-national evidence. *Social Justice Research*, 18 (3), 305 – 333.

Jost, J. T., Ledgerwood, A., & Hardin, C. D. (2008). Shared reality, system justification, and the relational basis of ideological beliefs. *Social and Personality Psychology Compass*, 2 (1), 171 – 186.

Jost, J. T., Liviatan, I., van der Toorn, J., Ledgerwood, A., Mandisodza, A., & Nosek, B. A. (2010). System justification: How do we know it's motivated. In R. D.

Bobocel, A. C. Kay, M. P. Zanna, & J. M. Olson (Eds.), *The psychology of justice and legitimacy: The Ontario Symposium* (Vol. 11, pp. 173 – 203). New York, NY: Psychology Press.

Jost, J. T., & Major, B. (2001). Emerging perspectives on the psychology of legitimacy. In J. T. Jost, & B. Major (Eds.), *The psychology of legitimacy: Emerging perspectives on ideology, justice, and intergroup relations* (pp. 3 – 30). New York, NY: Cambridge University Press.

Jost, J. T., Pelham, B. W., Sheldon, O., & Sullivan, B. N. (2003). Social inequality and the reduction of ideological dissonance on behalf of the system: Evidence of enhanced system justification among the disadvantaged. *European Journal of Social Psychology*, 33 (1), 13 – 36.

Jost, J. T., & Thompson, E. P. (2000). Group-based dominance and opposition to equality as independent predictors of self-esteem, ethnocentrism, and social policy attitudes among African Americans and European Americans. *Journal of Experimental Social Psychology*, 36 (3), 209 – 232.

Jost, J. T., & van der Toorn, J. (2012). System justification theory. In P. A. M. van Lange, A. W. Kruglanski, & E. T. Higgins (Eds.), *Handbook of theories of social psychology*, Vol. 2 (pp. 313 – 343). London, UK: Sage.

Judd, C. M., James-Hawkins, L., Yzerbyt, V., & Kashima, Y. (2005). Fundamental dimensions of social judgment: Understanding the relations between judgments of competence and warmth. *Journal of Personality and Social Psychology*, 89 (6), 899 – 913.

Jutzi, C. A., Willardt, R., Schmid, P. C., & Jonas, E. (2020). Between conspiracy beliefs, ingroup bias, and system justification: How people use defense strategies to cope with the threat of COVID – 19. *Frontiers in Psychology*, 11, 578 – 586.

Kammeyer-Mueller, J. D., Simon, L. S., & Rich, B. L. (2012). The psychic cost of doing wrong: Ethical conflict, divestiture socialization, and emotional exhaustion. *Journal of Management*, 38 (3), 784 – 808.

Kay, A. C., & Friesen, J. (2011). On social stability and social change: Understanding when system justification does and does not occur. *Current Directions in Psychological Science*, 20 (6), 360 – 364.

Kay, A. C., & Jost, J. T. (2003). Complementary justice: Effects of "poor but happy" and "poor but honest" stereotype exemplars on system justification and implicit activation of the justice motive. *Journal of Personality and Social Psychology*, 85 (5), 823 – 837.

Kay, A. C. , & Jost, J. T. (2014). Theoretical integration in motivational science: System justification as one of many "autonomous motivational structures". *Behavioral and Brain Sciences*, 37 (2), 146 – 147.

Kay, A. C. , & Zanna, M. P. (2009). A contextual analysis of the system justification motive and its societal consequences. In J. T. Jost, A. C. Kay, & H. Thorisdottir (Eds.), *Social and psychological bases of ideology and system justification* (pp. 158 – 181). New York, NY: Oxford University Press.

Kelley, T. L. (1939). "The Selection of Upper and Lower Groups for the Validation of Test Items." *Journal of Educational Psychology*, 30 (1), 17 – 24.

Kelling, G. L. , & Wilson, J. Q. (1982). Broken windows: The police and neighborhood safety. *The Atlantic*, 249 (3), 29 – 38.

Kervyn, N. , Bergsieker, H. B. , & Fiske, S. T. (2012). The innuendo effect: Hearing the positive but inferring the negative. *Journal of Experimental Social Psychology*, 48 (1), 77 – 85.

Kervyn, N. , Fiske, S. T. , & Yzerbyt, V. Y. (2013). Integrating the stereotype content model (warmth and competence) and the Osgood semantic differential (evaluation, potency, and activity). *European Journal of Social Psychology*, 43 (7), 673 – 681.

Kervyn, N. , Yzerbyt, V. Y. , & Judd, C. M. (2011). When compensation guides inferences: Indirect and implicit measures of the compensation effect. *European Journal of Social Psychology*, 41 (2), 144 – 150.

Kitayama, S. , Markus, H. R. , Matsumoto, H. , & Norasakkunkit, V. (1997). Individual and collective processes in the construction of the self: Self-enhancement in the United States and self-criticism in Japan. *Journal of Personality and Social Psychology*, 72 (6), 1245 – 1267.

Klein, S. A. , Thielmann, I. , Hilbig, B. E. , & Zettler, I. (2017). Between me and we: The importance of self-profit versus social justifiability for ethical decision making. *Judgment & Decision Making*, 12 (6), 563 – 571.

Köbis, N. C. , van Prooijen, J. -W. , Righetti, F. , & Van Lange, P. A. (2015). "Who doesn't?" —The impact of descriptive norms on corruption. *PloS One*, 10 (6), e0131830.

Koch, A. , & Imhoff, R. (2019). Rethinking the nature and relation of fundamental dimensions of meaning. In A. E. Abele, & B. Wojciszke (Eds.), *Agency and communion in social psychology* (pp. 167 – 179). London, UK: Routledge.

Kouchaki, M. , & Gino, F. (2016). Memories of unethical actions become obfuscated over time. *Proceedings of the National Academy of Sciences*, 113 (22), 6166 – 6171.

Kouchaki, M., & Wareham, J. (2015). Excluded and behaving unethically: Social exclusion, physiological responses, and unethical behavior. *Journal of Applied Psychology*, 100 (2), 547 – 556.

Kuang, L., & Liu, L. (2012). Discrimination against rural-to-urban migrants: The role of the hukou system in China. *PloS One*, 7 (11), e46932.

Kuster, F., Orth, U., & Meier, L. L. (2013). High self-esteem prospectively predicts better work conditions and outcomes. *Social Psychological and Personality Science*, 4 (6), 668 – 675.

Landy, J. F. (2015). Morality, sociability, and competence: Distinct and interactive dimensions of social cognition. Ph. D. thesis. University of Pennsylvania.

Landy, J. F., Piazza, J., & Goodwin, G. P. (2016). When it's bad to be friendly and smart: The desirability of sociability and competence depends on morality. *Personality and Social Psychology Bulletin*, 42 (9), 1272 – 1290.

Laurin, K., Shepherd, S., & Kay, A. C. (2010). Restricted emigration, system inescapability, and defense of the status quo: System-justifying consequences of restricted exit opportunities. *Psychological Science*, 21 (8), 1075 – 1082.

Leach, C. W., Ellemers, N., & Barreto, M. (2007). Group virtue: The importance of morality (vs. competence and sociability) in the positive evaluation of ingroups. *Journal of Personality and Social Psychology*, 93 (2), 234 – 249.

Leary, M. R. (2012). Sociometer theory. In P. A. M. Van Lange, A. W. Kruglanski, & E. T. Higgins (Eds.), *Handbook of theories of social psychology* (pp. 141 – 159). London, UK: Sage.

Leary, M. R., & Baumeister, R. F. (2000). The nature and function of self-esteem: Sociometer theory. *Advances in Experimental Social Psychology*, 32, 1 – 62.

Leary, M. R., & Downs, D. L. (1995). Interpersonal functions of the self-esteem motive: The self-esteem system as a sociometer. In M. Kernis (Ed.), *Efficacy, agency, and self-esteem* (pp. 123 – 144). New York, NY: Plenum Press.

Leunissen, J. M., De Cremer, D., Folmer, C. P. R., & Van Dijke, M. (2013). The apology mismatch: Asymmetries between victim's need for apologies and perpetrator's willingness to apologize. *Journal of Experimental Social Psychology*, 49 (3), 315 – 324.

Lewicki, R. J. (1984). Lying and deception: A behavioral model. In M. H. Bazerman, & R. J. Lewicki (Eds.), *Negotiation in organizations* (pp. 68 – 90). Beverly Hills,

CA: Sage.

Liang, Y. , Liu, L. , Tan, X. , Dang, J. , Li, C. , & Gu, Z. (2020). The moderating effect of general system justification on the relationship between unethical behavior and self-esteem. *Self and Identity*, 19 (2), 140–163.

Liang, Y. , Liu, L. , Tan, X. , Huang, Z. , Dang, J. , & Zheng, W. (2016). The effect of self-esteem on corrupt intention: The mediating role of materialism. *Frontiers in Psychology*, 7, e0123859.

Liberman, N. , & Förster, J. (2000). Expression after suppression: A motivational explanation of post suppressional rebound. *Journal of Personality and Social Psychology*, 79 (2), 190–203.

Li, W. , Wu, J. , & Kou, Y. (2020). System justification enhances life satisfaction of high-and low-status people in China. *Social Psychological and Personality Science*, 11 (5), 588–596.

Lobel, T. E. , & Levanon, I. (1988). Self-esteem, need for approval, and cheating behavior in children. *Journal of Educational Psychology*, 80 (1), 122–123.

Luhmann, M. , Hofmann, W. , Eid, M. , & Lucas, R. E. (2012). Subjective well-being and adaptation to life events: A meta-analysis. *Journal of Personality and Social Psychology*, 102 (3), 592–615.

Luhmann, M. , Orth, U. , Specht, J. , Kandler, C. , & Lucas, R. E. (2014). Studying changes in life circumstances and personality: It's about time. *European Journal of Personality*, 28 (3), 256–266.

Lundquist, T. , Ellingsen, T. , Gribbe, E. , & Johannesson, M. (2009). The aversion to lying. *Journal of Economic Behavior & Organization*, 70 (1–2), 81–92.

MacDonald, G. , & Leary, M. R. (2012). Individual differences in self-esteem. In M. R. Leary, & J. P. Tangney (Eds.), *Handbook of self and identity* (pp. 354–377). New York, NY: Guilford Press.

MacIntyre, A. (1984). *After virtue: A study in moral theory* (2nd ed.). Notre Dame, IN: University of Notre Dame Press.

Mahadevan, N. , Gregg, A. P. , Sedikides, C. , & de Waal-Andrews, W. G. (2016). Winners, losers, insiders, and outsiders: Comparing hierometer and sociometer theories of self-regard. *Frontiers in Psychology*, 7, 334.

Maher, B. A. (1978). A reader's, writer's, and reviewer's guide to assessing research reports in clinical psychology. *Journal of Consulting and Clinical Psychology*, 46

（4）, 835 – 838.

Marsh, H. W. （1986）. Global self-esteem: Its relation to specific facets of self-concept and their importance. *Journal of Personality and Social Psychology*, 51 （6）, 1224 – 1236.

Marsh, R. L. , Hicks, J. L. , & Bink, M. L. （1998）. Activation of completed, uncompleted, and partially completed intentions. *Journal of Experimental Psychology: Learning, Memory, and Cognition*, 24 （2）, 350 – 361.

Maslow, A. H. （1968）. *Toward a psychology of being.* New York, NY: Van Nostrand Reinhold.

Mazar, N. , & Aggarwal, P. （2011）. Greasing the palm can collectivism promote bribery? *Psychological Science*, 22 （7）, 843 – 848.

Mazar, N. , Amir, O. , & Ariely, D. （2008）. The dishonesty of honest people: A theory of self-concept maintenance. *Journal of Marketing Research*, 45 （6）, 633 – 644.

Mazar, N. , & Ariely, D. （2006）. Dishonesty in everyday life and its policy implications. *Journal of Public Policy & Marketing*, 25 （1）, 117 – 126.

McCabe, D. L. , Treviño, L. K. , & Butterfield, K. D. （2001）. Cheating in academic institutions: A decade of research. *Ethics & Behavior*, 11 （3）, 219 – 232.

McCoy, S. K. , & Major, B. （2007）. Priming meritocracy and the psychological justification of inequality. *Journal of Experimental Social Psychology*, 43 （3）, 341 – 351.

McCoy, S. K. , Wellman, J. D. , Cosley, B. , Saslow, L. , & Epel, E. （2013）. Is the belief in meritocracy palliative for members of low status groups? Evidence for a benefit for self-esteem and physical health via perceived control. *European Journal of Social Psychology*, 43 （4）, 307 – 318.

McFarlin, D. B. , & Blascovich, J. （1981）. Effects of self-esteem and performance feedback on future affective preferences and cognitive expectations. *Journal of Personality and Social Psychology*, 40 （3）, 521 – 531.

McShane, B. B. , & Böckenholt, U. （2014）. You cannot step into the same river twice: When power analyses are optimistic. *Perspectives on Psychological Science*, 9 （6）, 612 – 625.

Mead, G. H. （1934）. *Mind, self and society* （Vol. 111）. Chicago, IL: University of Chicago Press.

Melnikoff, D. E. , & Bailey, A. H. （2018）. Preferences for moral vs. immoral traits in others are conditional. *Proceedings of the National Academy of Sciences*, 115 （4）, E592 – E600.

Meloy, M. G. , Russo, J. E. , & Miller, E. G. (2006). Monetary incentives and mood. *Journal of Marketing Research*, 43 (2), 267 – 275.

Moore, C. , & Gino, F. (2013). Ethically adrift: How others pull our moral compass from true North, and how we can fix it. *Research in Organizational Behavior*, 33, 53 – 77.

Moskowitz, G. B. (2005). *Social cognition: Understanding self and others*. New York, NY: Guilford Press.

Mruk, C. (1995). *Self-esteem: Research, theory, and practice*. New York, NY: Springer Publishing Company.

Mulder, L. B. , & Aquino, K. (2013). The role of moral identity in the aftermath of dishonesty. *Organizational Behavior and Human Decision Processes*, 121 (2), 219 – 230.

Napier, J. L. , Mandisodza, A. N. , Andersen, S. M. , & Jost, J. T. (2006). System justification in responding to the poor and displaced in the aftermath of Hurricane Katrina. *Analyses of Social Issues and Public Policy*, 6 (1), 57 – 73.

Nehrlich, A. D. , Gebauer, J. E. , Sedikides, C. , & Abele, A. E. (2019). Indi-vidual self > relational self > collective self—But why? Processes driving the self-hierarchy in self-and person perception. *Journal of Personality*, 87 (2), 212 – 230.

O'Brien, L. T. , & Major, B. (2005). System-justifying beliefs and psychological well-being: The roles of group status and identity. *Personality and Social Psychology Bulletin*, 31 (12), 1718 – 1729.

O'Brien, L. T. , Major, B. N. , & Gilbert, P. N. (2012). Gender differences in en-titlement: The role of system-justifying beliefs. *Basic and Applied Social Psychology*, 34 (2), 136 – 145.

O'Doherty, J. P. , Deichmann, R. , Critchley, H. D. , & Dolan, R. J. (2002). Neural responses during anticipation of a primary taste reward. *Neuron*, 33 (5), 815 – 826.

Oetzel, J. G. (1998). Explaining individual communication processes in homogeneous and heterogeneous groups through individualism-collectivism and self-construal. *Human Communication Research*, 25 (2), 202 – 224.

Okel, E. , & Mosher, D. L. (1968). Changes in affective states as a function of guilt over aggressive behavior. *Journal of Consulting and Clinical Psychology*, 32 (3), 265 – 270.

O'Moore, M. , & Kirkham, C. (2001). Self-esteem and its relationship to bullying behavior. *Aggressive Behavior*, 27 (4), 269 – 283.

Orth, U. , & Robbins, R. W. (2014). The development of self-esteem. *Current Directions in Psychological Science*, 23 (5), 381 – 387.

Osborne, D. , Jost, J. T. , Becker, J. C. , Badaan, V. , & Sibley, C. G. (2019). Protesting to challenge or defend the system? A system justification perspective on collective action. *European Journal of Social Psychology*, 49 (2), 244 – 269.

Osborne, D. , Sengupta, N. K. , & Sibley, C. G. (2019) . System justification theory at 25: Evaluating a paradigm shift in psychology and looking towards the future. *British Journal of Social Psychology*, 58 (2), 340 – 361.

Osborne, D. , & Sibley, C. G. (2013). Through rose-colored glasses: System-justifying beliefs dampen the effects of relative deprivation on well-being and political mobilization. *Personality and Social Psychology Bulletin*, 39 (8), 991 – 1004.

Osborne, D. , Yogeeswaran, K. , & Sibley, C. G. (2017). Culture-specific ideologies undermine collective action support: Examining the legitimizing effects of postcolonial belief systems. *Group Processes & Intergroup Relations*, 20 (3), 333 – 349.

Osgood, C. , Suci, G. , & Tannenbaum, P. (1957). *The measurement of meaning.* Urbana, Ill: University of Illinois Press.

Pagliaro, S. , Ellemers, N. , Barreto, M. , & Di Cesare, C. (2016). Once dishonest, always dishonest? The impact of perceived pervasiveness of moral evaluations of the self on motivation to restore a moral reputation. *Frontiers in Psychology*, 7, 586.

Paulhus, D. L. , & Trapnell, P. D. (2008). Self-presentation of personality: An agency-communion framework. In O. P. John, R. W. Robins, & L. A. Pervin (Eds.), *Handbook of personality: Theory and research* (pp. 492 – 517). New York, NY: Guilford Press.

Peeters, G. , & Czapinski, J. (1990). Positive-negative asymmetry in evaluations: The distinction between affective and informational negativity effects. *European Review of Social Psychology*, 1 (1), 33 – 60.

Pittarello, A. , Leib, M. , Gordon-Hecker, T. , & Shalvi, S. (2015). Justifications shape ethical blind spots. *Psychological Science*, 26 (6), 794 – 804.

Podsakoff, P. M. , MacKenzie, S. B. , Lee, J. Y. , & Podsakoff, N. P. (2003). Common method biases in behavioral research: A critical review of the literature and recommended remedies. *Journal of Applied Psychology*, 88 (5), 879 – 903.

Preacher, K. J. , & Hayes, A. F. (2004). SPSS and SAS procedures for estimating indirect effects in simple mediation models. *Behavior Research Methods, Instruments, & Computers*, 36, 717 – 731.

Preacher, K. J. , Rucker, D. D. , & Hayes, A. F. (2007). Addressing moderated mediation hypotheses: Theory, methods, and prescriptions. *Multivariate Behavioral Research*, 42 (1), 185 – 227.

Probst, T. M. , Carnevale, P. J. , & Triandis, H. C. (1999). Cultural values in intergroup and single-group social dilemmas. *Organizational Behavior and Human Decision Processes*, 77 (3), 171 – 191.

Proulx, T. , Inzlicht, M. , & Harmon-Jones, E. (2012). Understanding all inconsistency compensation as a palliative response to violated expectations. *Trends in Cognitive Sciences*, 16 (5), 285 – 291.

Pyszczynski, T. , Greenberg, J. , & Solomon, S. (1997). Why do we need what we need? A terror management perspective on the roots of human social motivation. *Psycho-logical Inquiry*, 8 (1), 1 – 20.

Pyszczynski, T. , Greenberg, J. , Solomon, S. , Arndt, J. , & Schimel, J. (2004). Why do people need self-esteem? A theoretical and empirical review. *Psychological Bulletin*, 130 (3), 435 – 468.

Rankin, L. E. , Jost, J. T. , & Wakslak, C. J. (2009). System justification and the meaning of life: Are the existential benefits of ideology distributed unevenly across racial groups? *Social Justice Research*, 22 (2), 312 – 333.

Reitz, A. K. , Motti-Stefanidi, F. , & Asendorpf, J. B. (2016). Me, us, and them: Testing sociometer theory in a socially diverse real-life context. *Journal of Personality and Social Psychology*, 110 (6), 908 – 920.

Reynolds, W. M. (1982). Development of reliable and valid short forms of the Marlowe-Crowne social desirability scale. *Journal of Clinical Psychology*, 38 (1), 119 – 125.

Richins, M. L. , & Dawson, S. (1992). A consumer values orientation for materialism and its measurement: Scale development and validation. *Journal of Consumer Research*, 19 (3), 303 – 316.

Ridgeway, C. L. , & Berger, J. (1986). Expectations, legitimation, and dominance behavior in task groups. *American Sociological Review*, 51 (5), 603 – 617.

Riek, B. M. , Luna, L. M. R. , & Schnabelrauch, C. A. (2014). Transgressors' guilt and shame: A longitudinal examination of forgiveness seeking. *Journal of Social and Personal Relationships*, 31 (6), 751 – 772.

Robins, R. W. , Hendin, H. M. , & Trzesniewski, K. H. (2001). Measuring global self-esteem: Construct validation of a single-item measure and the Rosenberg Self-Esteem Scale. *Personality and Social Psychology Bulletin*, 27 (2), 151 – 161.

Rokeach, M. (1980). Some unresolved issues in theories of beliefs, attitudes and values. In Howe, H. E. Jr. , & Page, M. M. (Eds.), *Nebraska symposium on motivation* (pp. 261 – 304). Lincoln, NE: University of Nebraska Press.

Rosenberg, M. (1965). *Society and the adolescent self-image.* Princeton, NJ: Princeton University Press.

Rosenberg, S. , Nelson, C. , & Vivekananthan, P. S. (1968). A multidimensional approach to the structure of personality impressions. *Journal of Personality and Social Psychology*, 9 (4), 283 – 294.

Ross, L. & Nisbett. (1991). *The person and situation: Perspectives of social psychology.* New York: McCraw-Hill.

Ruedy, N. E. , Moore, C. , Gino, F. , & Schweitzer, M. E. (2013). The cheater's high: The unexpected affective benefits of unethical behavior. *Journal of Personality and Social Psychology*, 105 (4), 531 – 548.

Sachdeva, S. , Iliev, R. , & Medin, D. L. (2009). Sinning saints and saintly sinners the paradox of moral self-regulation. *Psychological Science*, 20 (4), 523 – 528.

Saidon, I. M. , Galbreath, J. , & Whiteley, A. (2010). *Antecedents of moral disengagement: Preliminary empirical study in Malaysia.* Paper presented at the Proceedings of the 24th Annual Australian and New Zealand Academy of Management Conference, Adelaide, Australia.

Savin-Williams, R. C. , & Demo, D. H. (1983). Situational and transituational determinants of adolescent self-feelings. *Journal of Personality and Social Psychology*, 44 (4): 824 – 833.

Schwartz, S. H. , & Bardi, A. (2001). Value hierarchies across cultures: Taking a similarities perspective. *Journal of Cross-Cultural Psychology*, 32 (3), 268 – 290.

Sedikides, C. , Gaertner, L. , & O'Mara, E. M. (2011). Individual self, relational self, collective self: Hierarchical ordering of the tripartite self. *Psychological Studies*, 56 (1), 98 – 107.

Shalvi, S. , Dana, J. , Handgraaf, M. J. J. , & De Dreu, C. K. W. (2011). Justified ethicality: Observing desired counterfactuals modifies ethical perceptions and behavior. *Organizational Behavior and Human Decision Processes*, 115 (2), 181 – 190.

Shalvi, S. , Gino, F. , Barkan, R. , & Ayal, S. (2015). Self-serving justifications doing wrong and feeling moral. *Current Directions in Psychological Science*, 24 (2), 125 – 130.

Shalvi, S. , Handgraaf, M. J. , & De Dreu, C. K. (2011) . People avoid situations that enable them to deceive others. *Journal of Experimental Social Psychology*, 47 (6), 1096 – 1106.

Shepherd, S. , Kay, A. C. , Landau, M. J. , & Keefer, L. A. (2011). Evidence for the specificity of control motivations in worldview defense: Distinguishing compensatory control from uncertainty management and terror management processes. *Journal of Experimental Social Psychology*, 47 (5), 949 – 958.

Shibutani, T. (1961). *Society and personality*. Englewood Cliffs, NJ: Prentice-Hall.

Shrum, L. , Wong, N. , Arif, F. , Chugani, S. K. , Gunz, A. , Lowrey, T. M. , …, & Ruvio, A. (2013). Reconceptualizing materialism as identity goal pursuits: Functions, processes, and consequences. *Journal of Business Research*, 66 (8), 1179 – 1185.

Shu, L. L. , & Gino, F. (2012). Sweeping dishonesty under the rug: How unethical actions lead to forgetting of moral rules. *Journal of Personality and Social Psychology*, 102 (6), 1164 – 1177.

Shu, L. L. , Gino, F. , & Bazerman, M. H. (2011). Dishonest deed, clear conscience: When cheating leads to moral disengagement and motivated forgetting. *Personality and Social Psychology Bulletin*, 37 (3), 330 – 349.

Sibley, C. G. , & Osborne, D. (2016). Ideology and post-colonial society. *Advances in Political Psychology*, 37 (1), 115 – 161.

Singelis, T. M. (1994). The measurement of independent and interdependent self-construals. *Personality and Social Psychology Bulletin*, 20 (5), 580 – 591.

Smith, E. R. , & Mackie, D. M. (2007). *Social psychology* (3rd ed.). Hove, UK: Psychology Press.

Smith, M. B. (1978). Perspectives on selfhood. *American Psychologist*, 33 (12), 1053 – 1063.

Solomon, S. , Greenberg, J. , & Pyszczynski, T. (1991). A terror management theory of social behavior: The psychological functions of self-esteem and cultural worldviews. In M. Zanna (Ed.), *Advances in experimental social psychology* (pp. 93 – 159). San Diego, CA: Academic Press.

Soral, W. , & Kofta, M. (2020). Differential effects of competence and morality on self-esteem at the individual and the collective level. *Social Psychology*, 51 (3), 183 – 198.

Spencer, S. J. , Zanna, M. P. , & Fong, G. T. (2005). Establishing a causal chain: Why experiments are often more effective than mediational analyses in examining psychological processes. *Journal of Personality and Social Psychology*, 89 (6), 845 – 851.

Sperber, D. , & Baumard, N. (2012). Moral reputation: An evolutionary and cognitive perspective. *Mind & Language*, 27 (5), 495 – 518.

Spiller, S. A. , Fitzsimons, G. J. , Lynch Jr, J. G. , & McClelland, G. H. (2013). Spotlights, floodlights, and the magic number zero: Simple effects tests in moderated regression. *Journal of Marketing Research*, 50 (2), 277 – 288.

Srull, T. K. , & Wyer, R. S. Jr. (1989). Person memory and judgment. *Psychological Review*, 96 (1), 58 – 83.

Steele, C. M. (1988). The psychology of self-affirmation: Sustaining the integrity of the self. *Advances in Experimental Social Psychology*, 21 (2), 261 – 302.

Steele, C. M. , & Liu, T. J. (1983). Dissonance processes as self-affirmation. *Journal of Personality and Social Psychology*, 45 (1), 5 – 19.

Steele, C. M. , Spencer, S. J. , & Lynch, M. (1993). Self-image resilience and dissonance: The role of affirmational resources. *Journal of Personality and Social Psychology*, 64 (6), 885 – 896.

Steiger, J. H. (2004). Beyond the Ftest: Effect size confidence intervals and tests of close fit in the analysis of variance and contrast analysis. *Psychological Methods*, 9 (2), 164 – 182.

Stellar, J. E. , & Willer, R. (2018). Unethical and inept? The influence of moral information on perceptions of competence. *Journal of Personality and Social Psychology*, 114 (2), 195 – 210.

Struch, N. , & Schwartz, S. H. (1989). Intergroup aggression: Its predictors and distinctness from in-group bias. *Journal of Personality and Social Psychology*, 56 (3), 364 – 373.

Suitner, C. , & Maass, A. (2008). The role of valence in the perception of agency and communion. *European Journal of Social Psychology*, 38 (7), 1073 – 1082.

Tafarodi, R. W. , & Swann Jr, W. B. (1995). Self-liking and self-competence as dimensions of global self-esteem: Initial validation of a measure. *Journal of Personality Assessment*, 65 (2), 322 – 342.

Tafarodi, R. W. , & Swann, W. B. (1995). Self-liking and self-competence as dimensions of global self-esteem: Initial validation of a measure. *Journal of Personality Assessment*, 65, 322 – 342.

Tajfel, H. (2010). *Social identity and intergroup relations*. Cambridge, MA: Cambridge Press.

Tajfel, H. (1981). *Human groups and social categories*. Cambridge, MA: Cambridge Press.

Tajfel, H., & Turner, J. C. (1986). The social identity theory of intergroup behavior. In S. Worchel & W. G. Austin (Eds.), *Psychology of intergroup relations* (pp. 7 – 24). Chicago: Nelson Hall.

Tangney, J. P., Stuewig, J., & Mashek, D. J. (2007). Moral emotions and moral behavior. *Annual Review of Psychology*, 58, 345 – 372.

Tan, X., Liu, L., Huang, Z., & Zheng, W. (2017). Working for the hierarchical system: The role of meritocratic ideology in the endorsement of corruption. *Political Psychology*, 38 (3), 469 – 479.

Tan, X., Liu, L., Huang, Z., Zheng, W., & Liang, Y. (2016). The effects of general system justification on corruption perception and intent. *Frontiers in Psychology*, 7, 1107.

Tappin, B. M., & McKay, R. (2016). The illusion of moral superiority. *Social Psychological and Personality Science*, 8 (6), 623 – 631.

Tetlock, P. E., Kristel, O. V., Elson, S. B., Green, M. C., & Lerner, J. S. (2000). The psychology of the unthinkable: Taboo trade-offs, forbidden base rates, and heretical counterfactuals. *Journal of Personality and Social Psychology*, 78 (5), 853 – 870.

Thompson, J. K. (2004). The (mis) measurement of body image: Ten strategies to improve assessment for applied and research purposes. *Body Image*, 1 (1), 7 – 14.

Trzesniewski, K. H., Donnellan, M. B., Moffitt, T. E., Robins, R. W., Poulton, R., & Caspi, A. (2006). Low self-esteem during adolescence predicts poor health, criminal behavior, and limited economic prospects during adulthood. *Developmental Psychology*, 42 (2), 381 – 390.

Tyler, T. R. (1990). *Why people obey the law*. New Haven, CT: Yale University Press.

Tyler, T. R., & McGraw, K. M. (1986). Ideology and the interpretation of personal experience: Procedural justice and political quiescence. *Journal of Social Issues*, 42 (2), 115 – 128.

Ullrich, J., & Cohrs, J. C. (2007). Terrorism salience increases system justification: Experimental evidence. *Social Justice Research*, 20 (2), 117 – 139.

Utz, S. (2004). Self-activation is a two-edged sword: The effects of I primes on cooperation. *Journal of Experimental Social Psychology*, 40 (6), 769 – 776.

Vallacher, R. R. (1980). An introduction to self theory. In D. M. Wegner, & R. R. Vallacher (Eds.), *The self in social psychology* (pp. 3 – 30). New York, NY: Oxford University Press.

van der Toorn, J., Tyler, T. R., & Jost, J. T. (2011). More than fair: Outcome dependence, system justification, and the perceived legitimacy of authority figures. *Journal of Experimental Social Psychology*, 47 (1), 127 – 138.

Vargas-Salfate, S., Paez, D., Khan, S. S., Liu, J. H., & Gil de Zúñiga, H. (2018). System justification enhances well-being: A longitudinal analysis of the palliative function of system justification in 18 countries. *British Journal of Social Psychology*, 57 (3), 567 – 590.

Voelkel, J. G., & Brandt, M. J. (2019). The effect of ideological identification on the endorsement of moral values depends on the target group. *Personality and Social Psychology Bulletin*, 45 (6), 851 – 863.

Vohs, K. D., & Heatherton, T. F. (2001). Self-Esteem and threats to self: Implications for self-construals and interpersonal perceptions. *Journal of Personality and Social Psychology*, 81 (6), 1103 – 1118.

Wakeman, S. W., Moore, C., & Gino, F. (2019). A counterfeit competence: After threat, cheating boosts one's self-image. *Journal of Experimental Social Psychology*, 82, 253 – 265.

Wakslak, C. J., Jost, J. T., & Bauer, P. (2011). Spreading rationalization: Increased support for large-scale and small-scale social systems following system threat. *Social Cognition*, 29 (3), 288 – 302.

Wakslak, C. J., Jost, J. T., Tyler, T. R., & Chen, E. S. (2007). Moral outrage mediates the dampening effect of system justification on support for redistributive social policies. *Psychological Science*, 18 (3), 267 – 274.

Weisel, O., & Shalvi, S. (2015). The collaborative roots of corruption. *Proceedings of the National Academy of Sciences*, 112 (34), 10651 – 10656.

Weiss, P. (1942). Morality and ethics. *The Journal of Philosophy*, 39, 381 – 385.

Wells, L. E., & Marwell., G. (1976). *Self-esteem: Its conceptualization and measurement*. Beverly Hills, CA: Sage.

Welsh, D. T., Ordóñez, L. D., Snyder, D. G., & Christian, M. S. (2015). The slippery slope: How small ethical transgressions pave the way for larger future transgressions. *Journal of Applied Psychology*, 100 (1), 114 – 127.

Wheeler, A. P. (2016). Testing the equality of two regression coefficients. See https://andrewpwheeler. com/2016/10/19/testing-the-equality-of-two regression-coefficients/for the details of the method.

Wiggins, J. S. (1979). A psychological taxonomy of trait-descriptive terms: The interpersonal domain. *Journal of Personality and Social Psychology*, 37 (3), 395 – 412.

Wiltermuth, S. S. (2011). Cheating more when the spoils are split. *Organizational Behavior and Human Decision Processes*, 115 (2), 157 – 168.

Winterich, K. P., Mittal, V., & Morales, A. C. (2014). Protect thyself: How affective self-protection increases self-interested, unethical behavior. *Organizational Behavior and Human Decision Processes*, 125 (2), 151 – 161.

Wojciszke, B. (2005). Morality and competence in person-and self-perception. *European Review of Social Psychology*, 16 (1), 155 – 188.

Wojciszke, B. (1994). Multiple meanings of behaviour: Construing actions in terms of competence or morality. *Journal of Personality and Social Psychology*, 67 (2), 222 – 232.

Wojciszke, B. (1997). Parallels between competence-versus morality-related traits and individualistic versus collectivistic values. *European Journal of Social Psychology*, 27 (3), 245 – 256.

Wojciszke, B., & Abele, A. E. (2008). The primacy of communion over agency and its reversals in evaluations. *European Journal of Social Psychology*, 38 (7), 1139 – 1147.

Wojciszke, B., Baryla, W., Parzuchowski, M., Szymkow, A., & Abele, A. E. (2011). Self-esteem is dominated by agentic over communal information. *European Journal of Social Psychology*, 41 (5), 617 – 627.

Wojciszke, B., Bazinska, R., & Jaworski, M. (1998). On the dominance of mo-ral categories in impression formation. *Personality and Social Psychology Bulletin*, 24 (12), 1251 – 1263.

Wojciszke, B., & Bialobrzeska, O. (2014). Agency versus communion as predictors of self-esteem: Searching for the role of culture and self-construal. *Polish Psychological Bulletin*, 45 (4), 469 – 479.

Wojciszke, B., & Dowhyluk, M. (2003). Emotional responses toward own and others' behavioural acts related to competence and morality. *Polish Psychological Bulletin*, 34 (3), 143 – 151.

Wojciszke, B., Dowhyluk, M., & Jaworski, M. (1998). Moral competence-related traits: How do they differ? *Polish Psychological Bulletin*, 29 (4), 283 – 294.

Wojciszke, B., & Sobiczewska, P. (2013). Memory and self-esteem: The role of agentic and communal content. *Social Psychology*, 44 (2), 95 – 103.

Wyer, R. S., & Srull, T. K. (1986). Human cognition in its social context. *Psychological Review*, 93 (3), 322 – 359.

Xu, Y., Jiao, L., Xu, R., Feng, Q., Wang, F., Jiang, J., & Chen, C. (2018). The process and characteristics of psychological kidnapping: An indigenous model of corruption in China. *Journal of Pacific Rim Psychology*, 12 (13), 1 – 13.

Yang, S., Guo, Y., Yu, F., Rao, T., Zhao, L., & Xu, L. (2018). Three explanatory perspectives on the root of system justification. *Advances in Psychological Science*, 26 (12), 2238 – 2248.

Ybarra, O., Chan, E., Park, H., Burnstein, E., Monin, B., & Stanik, C. (2008). Life's recurring challenges and the fundamental dimensions: An integration and its implications for cultural differences and similarities. *European Journal of Social Psychology*, 38 (7), 1083 – 1092.

Ybarra, O., Park, H., Stanik, C., & Lee, D. S. (2012). Self-judgment and reputation monitoring as a function of the fundamental dimensions, temporal perspective, and culture. *European Journal of Social Psychology*, 42 (2), 200 – 209.

Zeelenberg, M., & Breugelmans, S. M. (2008). The role of interpersonal harm in distinguishing regret from guilt. *Emotion*, 8 (5), 589 – 596.

Zhang, H., Ge, X., Liu, Z., & Wei, L. (2020). Goal-related unethical behaviors and meaning in life: The moderating role of goal state. *Journal of Research in Personality*, 87, 1 – 9.

Zhao, H., Zhang, H., & Xu, Y. (2019). Effects of perceived descriptive norms on corrupt intention: The mediating role of moral disengagement. *International Journal of Psychology*, 54 (1), 93 – 101.

Zimmerman, J. L., & Reyna, C. (2013). The meaning and role of ideology in system justification and resistance for high-and low-status people. *Journal of Personality and Social Psychology*, 105 (1), 1 – 23.

后　记

　　相处十一载，这一次，真正告别了我深爱的师大校园。2008 年 9 月
20 日，初到师大的情景，至今依然历历在目。当年的我未曾设想，我将
有幸在这片底蕴厚重的沃土上完成本硕博阶段的学习，度过人生中最宝
贵的时光。回望来路，感恩良多。

　　最想感谢的是我的导师刘力教授。刘老师是学业上的严师、生活中
的慈父。学业上，老师有着广阔的视野和宏大的格局，并且勤奋努力、
严谨治学。从研究问题到研究设计，从谋篇布局到词句斟酌，老师告诉
我什么是科学研究，手把手教我如何做好科学研究，提升了我的科研能
力，培养了我的科研思维，让我对做研究和写作的全过程有了掌控感与
自信。攻读硕、博学位的七年间，每当科研上遇到瓶颈时，老师总会抽
出宝贵时间与我深入讨论，每次讨论完我都有醍醐灌顶之感。在博士论
文写作期间，老师在百忙之中多次抽空帮我逐字逐句修改用中英文写作
的近 300 页的论文，并传授了很多写作、投稿的经验，对此我不胜感激。
学习之余，老师总会默默替我们把很多事情安排妥当，尽力帮我们解决
后顾之忧，扫清思想和情绪上的障碍，让我们全身心地投入科研工作。
在老师的关怀和包容下成长，感觉特别温暖、特别安心。

　　感谢北师大心理学部的每位老师，感谢你们引领我与美好的心理学
相遇。感谢李虹老师、辛自强老师、耿柳娜老师、谢晓非老师、许燕老
师、蒋奖老师、王芳老师、姚梅林老师以及刘红云老师等各位老师在我
研究阶段及论文答辩过程中给予的鼓励和建议，帮助我拓宽思路、精进

研究。

感谢我的同门、舍友和关心我的伙伴们。特别感谢旭运师兄、健宁师姐，以及小八姐、笑笑姐、雯雯姐、德云姐、年年姐、谦谦姐、子贝等师兄师姐，和聪哥、震震、铃铃、小超、烁烁、潇潇、金凤、于扬、紫夷、俊霖等同门兄弟姐妹在论文选题、写作各个环节提供的帮助与支持，感谢大家在日常生活和学习中的相互关心与温暖陪伴。例会上的思想碰撞，随时的讨论与建议，使我看到了心理学研究的更多可能，一次都不舍得落下。感谢我的舍友刘玥、蒋莹几年间的包容与支持，给我提供了良好的生活环境。感谢时常远程帮助我收集数据的伙伴们，每次火急火燎地找到你们时，你们的支持总会为我点亮一盏灯，既温暖了我的心，也为我照亮脚下的路。感谢分散在全国各地但一直在精神上支持我的老友们，你们是我的力量源泉，匆忙中的每次相聚，都让我觉得人间美好，值得期待。

特别感谢单位领导对我的研究的关心和鼓励；感谢工作中的导师曹二刚教授在书稿修改、出版过程中的无私指导，以及在做人、做事、做学问等各方面对我的悉心帮带；感谢系领导、教研室领导及兄弟姐妹们在生活和书稿写作上对我的帮助与支持。

感谢我亲爱的家人们。攻读硕、博学位七年间，你们不仅提供精神支持，还竭尽全力帮我扫清一切后顾之忧。感谢父母公婆的不催促、不责备，给我的只有理解与呵护。做你们的儿女，我很幸福。感谢我的爱人，异地七年，我们相互支持，一起走过风雨与坎坷；感谢多年的陪伴与支持，感谢在我处于低谷时依然鼓励我保持乐观主义精神，感恩我们一起变成了更好的自己：稳定了，坚韧了，坦然了，从容了。感谢我的女儿，灵动又暖心的小宝贝，让我在陪伴你成长的同时还能坚持自己的梦想。我也特别想把这本书送给你，祝愿你一生健康平安，永葆赤子之心，心中有爱，眼里有光。

此外还要感谢自己。这一路虽然走得有点慢，也有焦虑、迷茫、彷徨、失望和沮丧的时候，但感谢自己即便看不到结果仍然执着地坚持。绝望之为虚妄，而希望可以燎原，感谢自己在身处谷底时没有放弃。感恩这些年的一切经历，让我懂得了在困难面前，更要调整好情绪、状态，照顾好自己的身体，把日子过得更加井井有条；在失败面前，不必气馁，只需心态开放，敢于重启，不断试错，不断更新自己的认知，去勇敢迎接新的挑战。

时光荏苒，诚挚地感恩自己有幸在最好的年华来到勤奋质朴的师大，这充实而忙碌的十一载学习时光，培养了我谦虚谨慎、不骄不躁的心态。我会不懈努力，步履不停，奔赴心之所向。

图书在版编目（CIP）数据

不道德行为影响自尊的社会心理学机制／梁嫒著
. -- 北京：社会科学文献出版社，2024.2（2025.2 重印）
ISBN 978 - 7 - 5228 - 2456 - 7

Ⅰ.①不…　Ⅱ.①梁…　Ⅲ.①社会心理学－研究
Ⅳ.①C912.6－0

中国国家版本馆 CIP 数据核字（2023）第 165083 号

不道德行为影响自尊的社会心理学机制

著　　者／梁　嫒

出 版 人／冀祥德
责任编辑／杨桂凤
文稿编辑／张真真
责任印制／王京美

出　　版／社会科学文献出版社 · 群学分社 （010）59367002
　　　　　地址：北京市北三环中路甲29号院华龙大厦　邮编：100029
　　　　　网址：www. ssap. com. cn
发　　行／社会科学文献出版社 （010）59367028
印　　装／唐山玺诚印务有限公司

规　　格／开　本：787mm × 1092mm　1/16
　　　　　印　张：9.75　字　数：149千字
版　　次／2024 年 2 月第 1 版　2025 年 2 月第 2 次印刷
书　　号／ISBN 978 - 7 - 5228 - 2456 - 7
定　　价／98.00 元

读者服务电话：4008918866